# DEIN COACH ZUM ERFOLG!

## So geht's ins ActiveBook:

Du kannst auf alle digitalen Inhalte zu diesem Band online zugreifen. Registriere dich dazu unter **www.stark-verlag.de/mystark** mit deinem **persönlichen Zugangscode:**

H5K6-H3G2-N5Y9

822500-002671

*gültig bis 31. Juli 2022*

D1754716

## Das ActiveBook bietet dir:

- Viele zusätzliche interaktive Übungsaufgaben zu allen prüfungsrelevanten Kompetenzbereichen
- Sofortiges Feedback und Auswertung der Ergebnisse
- Interaktive Lösungen: in kleinen Schritten zum Ergebnis
- Vorgerechnete Beispiele als weitere Hilfe
- Lernvideos mit Erklärungen zu zentralen Themen
- Online-Glossar zum Nachschlagen wichtiger Definitionen

**ActiveBook**

# DEIN COACH ZUM ERFOLG!

## So kannst du interaktiv lernen:

**Interaktive Aufgaben**

### 1.1 Analysis

◄ 15 von 23 (10 bearbeitet) ▼ ►   7 richtig

✓ **15. Extrempunkte bestimmen**   Lernhilfen ▼

Bestimme die Extrempunkte der Funktion $f(x) = -3x^3 - 9x^2 + 7$.

▶ Video   📖 Glossar   ≡ Alle Lernhilfen anzeigen

Lernhilfen:
- 👆 Interaktive Lösung
- 📘 Beispiel anzeigen
- 🖩 Rechner

**Hochpunkt(e):**
- ○ keine Hochpunkte
- ● ein Hochpunkt: $\boxed{0}\,\boxed{7}$
- ○ zwei Hochpunkte: ▢▢ , ▢▢

**Tiefpunkt(e):**
- ○ keine Tiefpunkte
- ○ zwei Tiefpunkte: ▢▢ , ▢▢
- ● ein Tiefpunkt: $\boxed{-2}\,\boxed{-5}$

✓ Gut gemacht!   Nächste Aufgabe

*Sofortiges **Feedback** zu jeder Eingabe*

Wähle erst deine Antwort(en) aus bzw. gib sie ein und klicke dann auf „Antwort prüfen".
Alle Teile werden angezeigt   Eingaben löschen   **Antwort prüfen** ◄ ►

---

**Interaktive Lösung** mit kleinschrittiger Anleitung zu jeder Aufgabe

### ℹ Interaktive Lösung   ✕

Lernhilfen ▼

Bestimme die Extrempunkte der Funktion $f(x) = -3x^3 - 9x^2 + 7$.

Die notwendige Bedingung für ein Extremum bei $x_0$ lautet $f'(x_0) = 0$.

Bestimme die 1. Ableitung von f:
$f'(x) = \boxed{-9x^2 - 18x}$

Ausklammern von 9x ergibt:
$f'(x) = 9x(-x-2)$

Nullsetzen der 1. Ableitung:
$9x(-x-2) = 0$

Nach dem Satz vom Nullprodukt ist ein Produkt genau dann null, wenn einer der Faktoren null ist. Daher folgt:
$9x = 0$ oder $-x-2 = 0$ ⇔ $x = 0$ oder $x = \boxed{\phantom{0}}$

Gib deine Antwort in das Eingabefeld ein und klicke dann auf „Antwort prüfen".

**8** Schritte übrig   Eingaben löschen   Antwort prüfen   Schließen

---

**Vorgerechnetes Beispiel** zu jeder Aufgabe

### ℹ Beispiel   ✕

Lernhilfen ▼

Bestimme die Extrempunkte der Funktion $f(x) = 2x^2 + 4x + 3$.

Die notwendige Bedingung für ein Extremum bei $x_0$ lautet $f'(x_0) = 0$.

Bestimmung der 1. Ableitung von f:
$f'(x) = 4x + 4$

Nullsetzen der 1. Ableitung:
$4x + 4 = 0$ ⇔ $x = -1$

Die hinreichende Bedingung für ein relatives Maximum bei $x_0$ lautet $f'(x_0) = 0$ und $f''(x_0) < 0$, für ein relatives Minimum bei $x_0$ lautet sie $f'(x_0) = 0$ und $f''(x_0) > 0$.

Bestimmung der 2. Ableitung von f:
$f''(x) = 4$

Klicke auf „Weiter", um mehr anzuzeigen.

**4** Schritte übrig   Weiter   Schließen

---

**Systemvoraussetzungen:**
- Windows 7/8/10 oder Mac OS X ab 10.9
- Mindestens 1024×768 Pixel Bildschirmauflösung
- Chrome, Firefox oder ähnlicher Webbrowser
- Internetzugang

## 2022

# Berufskolleg

Prüfung zum Erwerb der
Fachhochschulreife

Baden-Württemberg

## Mathematik

© 2021 Stark Verlag GmbH
10. neu bearbeitete und ergänzte Auflage
www.stark-verlag.de

Das Werk und alle seine Bestandteile sind urheberrechtlich geschützt. Jede vollständige oder teilweise Vervielfältigung, Verbreitung und Veröffentlichung bedarf der ausdrücklichen Genehmigung des Verlages. Dies gilt insbesondere für Vervielfältigungen, Mikroverfilmungen sowie die Speicherung und Verarbeitung in elektronischen Systemen.

# Inhalt

Vorwort
Stichwortverzeichnis

## Allgemeine Hinweise zur Prüfung

Informationen zur Fachhochschulreifeprüfung .................................... I
Bewertung der Prüfungsarbeiten ................................................ II
Inhalte und Schwerpunktthemen ................................................. III
Methodische Hinweise und allgemeine Tipps zur schriftlichen Prüfung ......... V

## Merkhilfe Mathematik*

1 Zahlenmengen ............................................................. M-1
2 Geometrie ................................................................ M-1
3 Terme .................................................................... M-2
4 Funktionen und zugehörige Gleichungen .................................... M-2
5 Analysis ................................................................. M-6

## Übungsaufgaben für den Pflichtteil (ohne Hilfsmittel)

Übungsaufgabe 1 ............................................................. Ü-1
Übungsaufgabe 2 ............................................................. Ü-7
Übungsaufgabe 3 ............................................................. Ü-15
Übungsaufgabe 4 ............................................................. Ü-22

## Übungsaufgaben für den Wahlteil (mit Hilfsmitteln)

Übungsaufgabe 1 ............................................................. Ü-29
Übungsaufgabe 2 ............................................................. Ü-35
Übungsaufgabe 3 ............................................................. Ü-41
Übungsaufgabe 4 ............................................................. Ü-49

---

* Die Abschnitte 6 bis 8 der „Merkhilfe Mathematik für die Sekundarstufe II an beruflichen Schulen in Baden-Württemberg" sind in diesem Band nicht enthalten, da sie für die schriftliche Fachhochschulreifeprüfung nicht relevant sind.

## Offizielle Musteraufgaben zur neuen Prüfungsstruktur ab 2018

| | |
|---|---|
| Pflichtteil: Aufgabe 1 (Beispiel A) | 1 |
| Pflichtteil: Aufgabe 1 (Beispiel B) | 7 |
| Wahlteil: Aufgabe 2 | 13 |
| Wahlteil: Aufgabe 3 | 18 |
| Wahlteil: Aufgabe 4 | 25 |

## Prüfungsaufgaben 2018

| | |
|---|---|
| Pflichtteil: Aufgabe 1 | 2018-1 |
| Wahlteil: Aufgabe 2 | 2018-6 |
| Wahlteil: Aufgabe 3 | 2018-12 |
| Wahlteil: Aufgabe 4 | 2018-19 |

## Prüfungsaufgaben 2019

| | |
|---|---|
| Pflichtteil: Aufgabe 1 | 2019-1 |
| Wahlteil: Aufgabe 2 | 2019-8 |
| Wahlteil: Aufgabe 3 | 2019-15 |
| Wahlteil: Aufgabe 4 | 2019-21 |

## Prüfungsaufgaben 2020

| | |
|---|---|
| Pflichtteil: Aufgabe 1 | 2020-1 |
| Wahlteil: Aufgabe 2 | 2020-6 |
| Wahlteil: Aufgabe 3 | 2020-14 |
| Wahlteil: Aufgabe 4 | 2020-22 |

## Prüfungsaufgaben 2021

www.stark-verlag.de/mystark

Das Corona-Virus hat auch im vergangenen Schuljahr die Prüfungsabläufe beeinflusst. Um Ihnen die Prüfung 2021 schnellstmöglich zur Verfügung stellen zu können, bringen wir sie in digitaler Form heraus. Sobald die Original-Prüfungsaufgaben 2021 zur Veröffentlichung freigegeben sind, können sie als PDF auf der Plattform MyStark heruntergeladen werden.

**ActiveBook**
**Interaktives Training**

Ihr Coach zum Erfolg: Mit dem **interaktiven Training zum Pflichtteil der Prüfung** lösen Sie online Aufgaben, die speziell auf diesen Prüfungsteil zugeschnitten sind. Am besten gleich ausprobieren!
Ausführliche Infos inkl. Zugangscode finden Sie auf den Farbseiten vorne in diesem Buch.

Sitzen alle mathematischen Begriffe? Im interaktiven Training und unter www.stark-verlag.de/mathematik-glossar/ finden Sie ein kostenloses Glossar zum schnellen Nachschlagen aller wichtigen Definitionen mitsamt hilfreicher Abbildungen und Erläuterungen.

Jeweils zu Beginn des neuen Schuljahres erscheinen die neuen Ausgaben der Prüfungsaufgaben mit Lösungen.

**Autoren der Übungsaufgaben und Lösungen der Musteraufgaben:**
Volker Huy
Klaus Specht

# Vorwort

Liebe Schülerinnen und Schüler,

dieses Buch unterstützt Sie optimal bei Ihrer Vorbereitung auf die **Prüfung der Fachhochschulreife an Berufskollegs** im Fach Mathematik, die seit dem Jahr 2018 eine neue Struktur hat.

Sie finden in diesem Band die Abschlussprüfungsaufgaben der **Jahrgänge 2018 bis 2020** sowie **Übungsaufgaben**, die diese Struktur mit Pflichtteil (Bearbeitung ohne Hilfsmittel) und Wahlteil (Bearbeitung mit Hilfsmitteln) widerspiegeln. Außerdem wurden die offiziellen Musteraufgaben zur Vorbereitung auf die Prüfung 2018 in diesen Band aufgenommen. Alle Aufgaben wurden mit **vollständigen, kommentierten Lösungsvorschlägen** versehen. Weiter finden Sie bei allen Aufgaben zusätzliche „**Hinweise und Tipps**" zu jedem Aufgabenteil, die zwischen den Aufgaben und Lösungen stehen. Diese „Hinweise und Tipps" liefern Denkanstöße zur Lösung, sie sind durch eine graue Raute markiert und nach zunehmendem Grad der Hilfestellung geordnet.

Im **Hinweisteil** erhalten Sie detaillierte Informationen über den Ablauf der Prüfung, die Prüfungsinhalte und die Bewertung der Prüfung. Hinweise zur Prüfungsvorbereitung und Tipps zur richtigen Strategie in der Prüfung helfen Ihnen, Ihre Zeit optimal zu nutzen. Eine Beschreibung zur Arbeit mit einem Lösungsplan gibt Ihnen die Möglichkeit, systematisches Vorgehen einzuüben und so Sicherheit für die Prüfungssituation zu gewinnen.

Das **Stichwortverzeichnis** ermöglicht es Ihnen zudem, wichtige Fachbegriffe und die dazugehörenden Aufgabenstellungen schnell zu finden, sodass Sie einzelne Themen gezielt üben und bearbeiten können.

Sollten nach Erscheinen dieses Bandes noch wichtige Änderungen in der Fachhochschulreifeprüfung 2022 vom baden-württembergischen Ministerium für Kultus, Jugend und Sport bekannt gegeben werden, finden Sie aktuelle Informationen dazu auf der Plattform MyStark (Zugangscode siehe Farbseiten vorne in diesem Buch).

Wir wünschen Ihnen viel Erfolg bei der Vorbereitung auf die Fachhochschulreifeprüfung!

Die Autoren

# Stichwortverzeichnis

*Zum Gebrauch des Stichwortverzeichnisses:*
P 4.1 bedeutet: Übungsaufgabe für den Pflichtteil 4.1
W 2.3.2 bedeutet: Übungsaufgabe für den Wahlteil 4.2.3
M1B 1.3 bedeutet: Musteraufgabe 1 (Beispiel B), Teilaufgabe 1.3
M3.1 bedeutet: Musteraufgabe 3.1
**18** 1.2 bedeutet: Jahrgang 2018, Aufgabe 1.2
*Die Prüfung 2021 finden Sie unter: www.stark-verlag.de/mystark*

| | |
|---|---|
| **A**bleitungsfunktion | P 4.1; W 1.7; **18** 2.1; **19** 2.5, 3.5; **20** 1.1, 4.5; **21** 1a.3 |
| Ableitungsfunktion zeichnen | P 3.3.2, P 4.3; **19** 1.2 |
| Achsenschnittpunkte | P 4.3; W 1.4; M1A 1.1, 1.7, M 2.1; **18** 2.1, 3.1; **19** 3.1, 4.3, 4.6; **20** 2.2, 3.3, 4.4 |
| Amplitude | P 3.3.1; W 2.4; M 4.2, 4.7; **18** 4.2; **20** 1.2 |
| Änderungsrate | |
| • momentane (lokale) | P 4.3; W 4.5; **19** 4.7; **21** 2.5 |
| • durchschnittliche | P 4.3; W 2.1.4; **21** 2.5 |
| Anwendungsaufgabe | W 2.1; **18** 2.4, 2.5, 2.6; **19** 4.5, 4.6, 4.7; **20** 2.4, 2.5; **21** 2.4, 2.5, 2.6, 3.3, 3.4 |
| Asymptoten | M 3.4; **18** 1.4; **19** 1.5, 3.4; **20** 2.4; **21** 3.5 |
| **B**egründung von Aussagen | P 1.1, 1.4, P 2.2.1; M1B 1.7, M 4.2, 4.5, 4.7; **18** 3.1, 3.2, 3.4, 4.1, 4.2; **19** 1.2, 2.5; **20** 1.5, 4.5; **21** 1a.3, 1b.1, 4.3 |
| Berührpunkt, Berührstelle | P 3.2; **18** 3.2; **19** 2.3; **21** 1a.2, 1a.7 |
| beschränktes Wachstum | **18** 2.4, 2.5, 2.6 |
| **D**reieck | W 2.3.2; **19** 2.2; **21** 4.2 |
| **E**inheit | W 4.5 |
| Entstehung aus vorgegebener Funktion | P 3.4; M1A 1.8, M 2.5; **19** 3.3 |
| Exponentialfunktion | P 3.2, 3.4; W 1.7, W 2.3, W 3.3.2; M1A 1.7, M1B 1.2, 1.4, M 2.4, 2.5, M 3.3.2, 3.4, 3.6; **18** 1.4; **19** 2.3, 3.4, 3.5; **20** 2.4, 2.5, 3.1, 3.2, 3.3; **21** 1a.5, 1b.4, 2.4, 2.5, 2.6, 3.5, 3.6 |
| Exponentialgleichung lösen | W 2.3.1; M1A 1.7, M1B 1.2; **18** 1.3, 2.4, 2.5; **20** 1.3, 2.5 |

| | |
|---|---|
| Extrempunkte | P 1.5.3, P 2.1.1, 2.2.3; W 1.4; W 3.3.2; M1B 1.3, M 2.2, M 3.2, 3.4; **18** 1.1, 2.1, 3.1; **19** 2.5, 3.4, 3.5, 4.2, 4.5; **20** 2.1, 3.2, 3.4; **21** 1a.3, 2.1, 2.3, 3.2, 3.3, 3.5, 4.2, 4.3, 4.4 |
| Extremwertaufgabe | W 1.8, W 3.3.3; M1B 1.6, M 2.6; **19** 2.2; **21** 4.2 |
| Flächenberechnungen | P 2.1.2, P 4.4.2; W 1.2, 1.3, W 2.2; M 3.6, M 4.6; **18** 2.2, 3.4; **19** 2.4, 3.2; **20** 1.6, 3.5, 4.3; **21** 1b.2, 2.2, 4.2, 4.5 |
| Flächenbestimmung (näherungsweise) | W 3.3.2; **20** 2.3 |
| Funktionsgleichungen aufstellen | M 3.3.2 |
| • Exponentialfunktion | **18** 3.2; **19** 3.4; **20** 2.5 |
| • Polynomfunktion | M1A 1.5, M 2.1; **18** 4.4; **20** 4.4; **21** 1a.2 |
| • Produktform | **19** 1.6 |
| • trigonometrische Funktion | W 4.2.1; M 3.1, 3.3.1, M 4.1; **18** 4.2; **21** 3.1 |
| Funktionsterm angeben | P 3.1, 3.3.1; W 1.1, 1.6; M 2.5; **18** 1.4; **19** 3.4, 4.1, 4.4; **20** 3.2; **21** 1a.2 |
| Funktionswert | W 4.2.2, 4.3; **20** 3.6; **21** 2.6, 3.4 |
| gemeinsame Punkte | |
| • Kurve und x-Achse | **18** 3.1 |
| Gleichung | |
| • 4. Grades | M1B 1.1; **19** 1.1; **21** 1a.1 |
| • Integral | **21** 1b.6 |
| • trigonometrische | W 4.2.3; **21** 1b.3 |
| Integralberechnung | P 3.6; P 4.5; M1A 1.6, M1B 1.5, M 2.3; **18** 1.5, 2.2; **19** 1.4, 2.4; **20** 1.6; **21** 1a.6 |
| Intervalle | P 2.2.2; **20** 4.2 |
| Koordinatenachsen | |
| • einzeichnen | M 4.1 |
| • skalieren | W 3.3.1; M 4.1 |
| Krümmungsverhalten | **18** 4.3; **19** 2.3, 2.5; **21** 1a.3, 1b.4 |
| lineares Gleichungssystem | P 4.6.1, 4.6.2; W 3.1, 3.2; M1B 1.8; **18** 1.6; **19** 4.1; **20** 1.4; **21** 2.3 |
| Monotonie | M 4.7; **19** 3.5; **21** 1a.5 |
| Näherungsverfahren | **19** 4.3 |
| Nullstelle | M 4.2, 4.7; **19** 1.6, 2.4, 4.3; **20** 1.1, 3.5; **21** 1b.1, 1b.4, 2.1, 2.3 |
| Periode | P 2.1.1, P 3.3; W 2.4; M 4.2; **19** 3.3; **20** 1.2; **21** 3.2 |
| Polynomfunktion | P 1.5, P 3.1, 3.5, P 4.4; W 1.1, 1.2, 1.8, W 2.2; M1A 1.1, 1.3, 1.5, 1.6, M1B 1.1, M 2.1, 2.2, 2.3, 2.6, M 4.7; **19** 1.2, 1.6, 2.1, 4.1, 4.2; **20** 1.1, 1.5, 1.6, 2.1, 2.2, 4.4, 4.5; **21** 1a.2, 1a.4, 1a.7, 1b.1, 1b.2, 1b.5, 2.1, 2.2, 2.3, 4.1, 4.2, 4.3 |

| | |
|---|---|
| prozentuale Änderung | **18** 2.6 |
| Punktprobe | **19** 4.4 |
| **Q**uadrant | **19** 1.5; **20** 4.3 |
| **S**chaubild(er) | |
| • diskutieren | P 3.7; **21** 1a.3 |
| • skizzieren | P 1.2, P 2.1.1; **19** 1.5, 3.1; **20** 1.2, 1.6, 2.4; **21** 1b.2 |
| • zeichnen | W 1.2, W 2.1.1; M1A 1.7, M 2.2, 2.4; **18** 1.2, 2.1, 3.1, 4.3; **19** 2.1; **20** 2.1, 3.1; **21** 1b.1, 2.1, 3.5, 4.4 |
| • zuordnen | M1A 1.4; **18** 1.4; **20** 1.5 |
| Schnittpunkte | |
| • Kurve – Koordinatenachse | W 3.3.2; **18** 3.1, 4.3; **19** 1.2; **20** 2.2, 4.4; **21** 1a.2 |
| • Kurve – Kurve | P 1.5.1; W 2.3.1; M1B 1.2; **18** 3.2; **20** 4.3 |
| Skalierung der Achsen | W 4.1; M 4.1; **20** 4.1 |
| Spiegelung | **19** 3.3 |
| Stammfunktion | P 2.1.2; W 1.7; M1B 1.4; **18** 4.4; **19** 1.2, 4.4; **21** 4.3 |
| Steigung | M 4.4; **20** 4.2, 4.4; **21** 3.6, 4.1 |
| Streckung | P 1.5.2; M 4.3; **21** 3.2 |
| Substitution | M1B 1.1; **18** 4.3 |
| Symmetrie | W 2.4; M 4.7; **18** 4.3; **19** 2.1; **20** 4.4 |
| **T**angente | P 4.4.1; W 1.5, W 2.2; M1A 1.2, M 3.5, M 4.5; **18** 1.1; **19** 1.3; **20** 2.2, 3.3, 4.2; **21** 1a.4, 1b.5, 4.1 |
| trigonometrische Funktion | P 1.2, P 2.1.1, 2.1.2, 2.2.3, P 3.3, P 4.5; W 1.4, 1.5, 1.6, W 3.4, W 4.2.1; M1A 1.2, 1.8, M1B 1.3, 1.5, M 3.1, 3.2, 3.3.1, M 4.1, 4.2, 4.3, 4.6; **18** 4.2; **19** 1.6, 3.1, 4.5; **20** 1.2, 3.4, 3.5, 4.1, 4.2, 4.3; **21** 1a.7, 3.1, 3.2, 3.3, 3.4, 4.4, 4.5 |
| trigonometrische Gleichung lösen | W 2.4; **19** 3.1; **21** 1b.3 |
| **V**erschiebung | P 1.5.2; **18** 3.2; **19** 3.3; **20** 3.2; **21** 3.2 |
| **W**endepunkt | P 2.1.1, P 3.5, P 4.4.1; W 1.3, 1.4; M1A 1.3, M1B 1.3, M 3.4; **18** 3.1, 3.3; **19** 2.1; **20** 4.2, 4.5; **21** 2.1, 4.4 |
| Wendetangente | P 1.3; W 2.2; **18** 3.3 |
| Wertebereich | W 2.4, W 4.2; **18** 3.2; **19** 3.1, 4.5; **21** 2.4 |
| **Z**eichnung | siehe Schaubild(er) |
| Zusammenhänge erkennen | P 3.7, P 4.2, 4.5.2; W 1.4; M1B 1.7 |

# Allgemeine Hinweise zur Prüfung

### Informationen zur Fachhochschulreifeprüfung

Wer einen mittleren Bildungsabschluss hat, erhält in 1 bis 3 Jahren im Berufskolleg eine berufliche Ausbildung und eine erweiterte allgemeine Bildung. Um einen einheitlichen Wissensstand der allgemeinbildenden Fächer zu gewährleisten, werden seit 2011 an allen Berufskollegs, die zur Fachhochschulreife führen, dieselben Prüfungen in den Fächern Deutsch, Englisch und **Mathematik** durchgeführt. Da die Rechenkompetenz der Schüler von vielen Seiten bemängelt wurde, hat man versucht, diese Mängel im neuen Lehrplan und in der Prüfung zu berücksichtigen. Mit der Fachhochschulreife-Prüfung 2018 haben sich Inhalt und Struktur der Aufgaben im Fach Mathematik grundlegend geändert. Die Prüfung wird unterteilt in einen Pflichtteil und einen Wahlteil. Zusätzlich wird der bis zur Prüfung 2017 generell zugelassene grafikfähige Taschenrechner durch einen weniger leistungsfähigen Taschenrechner (WTR) ersetzt. Die Durchführung und der Ablauf der Prüfung werden im nächsten Abschnitt dargestellt.

**Die schriftliche Prüfung im Fach Mathematik**
Das zentrale Thema der schriftlichen Prüfung im Fach Mathematik ist die **Analysis**. Die Prüfung ist in einen Pflichtteil (ohne Hilfsmittel, d. h. ohne Merkhilfe und ohne wissenschaftlichen Taschenrechner) und einen Wahlteil aufgeteilt. Der Pflichtteil ist für alle Schülerinnen und Schüler verpflichtend, wobei die Arbeitszeit innerhalb der insgesamt zur Verfügung stehenden 200 Minuten frei gewählt werden kann. Er enthält mehrere „kleinere" Aufgaben aus der Analysis oder ein lineares Gleichungssystem. Nachdem der Pflichtteil verbindlich abgegeben wurde, erhält die Schülerin bzw. der Schüler als Hilfsmittel einen WTR und die Merkhilfe zur Bearbeitung der Aufgaben im Wahlteil. *Wichtig:* Aus dem Pflichtteil darf nun keine Aufgabe mehr gelöst werden!

Die Aufgaben (im Pflicht- und im Wahlteil) umfassen folgende Funktionstypen und Themengebiete:
– ganzrationale Funktionen
– Exponentialfunktionen
– trigonometrische Funktionen
– lineare Gleichungssysteme
– Lösen von Gleichungen

Aus den drei Aufgaben für den Wahlteil wählt die Schülerin bzw. der Schüler zwei Aufgaben zur Bearbeitung aus.

Damit der Schüler „in Ruhe" selbstständig eine Auswahl vornehmen kann, ist eine Einlesezeit von 20 Minuten in der Prüfungszeit vorgesehen. Der Schüler darf diese Einlesezeit jedoch auch als Rechenzeit z. B. im Pflichtteil nutzen. Für jede Aufgabe sollte ein neues Blatt begonnen und vor der Abgabe entsprechend sortiert werden. Die Punkte sind so verteilt, dass pro 2 Minuten Bearbeitungszeit 1 Punkt vergeben wird. Der Schüler kann sich anhand der bereits bearbeiteten Aufgaben ausrechnen, ob er noch gut in der Zeit liegt. Die in der Tabelle (siehe unten) angegebenen Zeitrichtwerte sind daher nur als Empfehlung zu verstehen. Eine Pause zwischen den Aufgaben findet nicht statt.

### Aufbau der Prüfungsaufgaben
Der Pflichtteil muss komplett bearbeitet werden. Von den drei Aufgaben des Wahlteils müssen zwei ausgewählt und bearbeitet werden.

| Aufgabe | Stoffgebiet | Schüler erhält | Erreichbare Punkte | Zeitrichtlinie (Minuten) |
|---|---|---|---|---|
| Pflichtteil (mit Einlesezeit zur Aufgabenauswahl) | | | | 20 |
| 1 | Analysis | diese Aufgabe | 30 | 60 |
| Wahlteil | | | | |
| 2 | Analysis | diese Aufgabe | 30 | 60 |
| 3 | Analysis | diese Aufgabe | 30 | 60 |
| 4 | Analysis | diese Aufgabe | 30 | 60 |
| Vom Schüler sind der Pflichtteil und zwei der drei Aufgaben aus dem Wahlteil zu bearbeiten. | | | 90 | 200 |

### Zugelassene Hilfsmittel
Neben Schreib- und Zeichengeräten ist ausschließlich im Wahlteil zusätzlich erlaubt:
– die Merkhilfe
– ein Taschenrechner (WTR) inkl. Bedienungsanleitung

Ein GTR- oder ein CAS-Rechner ist weder im Pflicht- noch im Wahlteil erlaubt.

### Bewertung der Prüfungsarbeiten
Die Korrektur einer Prüfungsarbeit erfolgt in drei Stufen.
Erstkorrektur: Sie wird grundsätzlich vom Fachlehrer, der die Schüler unterrichtet hat, durchgeführt. Er korrigiert und bewertet die Arbeiten.
Zweitkorrektur: Ein weiterer Fachlehrer korrigiert und bewertet die Arbeiten ebenfalls, ohne aber die Punkteverteilung des Erstkorrektors zu kennen.
Notenfindung: Bei Abweichungen von Erst- und Zweitkorrektur einigen sich die beiden Fachlehrer auf eine Note. Ist der Unterschied nur eine halbe Note, so ist die bessere Note die Prüfungsnote.

Der Schüler bearbeitet drei Aufgaben (Pflichtteil und zwei Aufgaben aus dem Wahlteil). Bei jeder Aufgabe sind maximal 30 Punkte zu erreichen. Die Umrechnung der Punkte in Notenstufen wird nach folgendem verbindlichen Schlüssel vorgenommen:

| Note   | 1,0   | 1,5   | 2,0   | 2,5   | 3,0   | 3,5   | 4,0   | 4,5   | 5,0   | 5,5  | 6,0 |
|--------|-------|-------|-------|-------|-------|-------|-------|-------|-------|------|-----|
| Punkte | 90–83 | 82–75 | 74–67 | 66–59 | 58–51 | 50–42 | 41–33 | 32–24 | 23–15 | 14–6 | 5–0 |

**Inhalte und Schwerpunktthemen**

In der folgenden Übersicht sind die wesentlichen Schwerpunktthemen für die schriftliche Fachhochschulreifeprüfung stichpunktartig aufgeführt. Diese Auflistung gibt einen Überblick über den prüfungsrelevanten Lehrstoff, ersetzt jedoch nicht den ausführlichen Lehrplan für das Fach Mathematik. Die Zusammenstellung kann jedoch bei der Vorbereitung auf die Fachhochschulreifeprüfung als Leitfaden für die verbindlichen Inhalte und wichtigsten mathematischen Begriffe dienen.

*Funktionen und ihre Schaubilder, zugehörige Gleichungen*
Funktionstypen
- Potenzfunktionen mit natürlichen Exponenten, z. B. $f(x) = ax^3$
- Polynomfunktionen, z. B. dritten Grades $f(x) = ax^3 + bx^2 + cx + d$
- Exponentialfunktionen $f(x) = ae^{kx} + b$
- Trigonometrische Funktionen $f(x) = a\sin(bx) + d$, $g(x) = a\cos(bx) + d$

Schaubild von Funktionen
- globales Verhalten
- gemeinsame Punkte mit den Koordinatenachsen
- gemeinsame Punkte mit anderen Schaubildern
- Symmetrie zum Ursprung bzw. zur y-Achse
- Verschiebung und Streckung in x- und y-Richtung
- Spiegelung an der x-Achse
- asymptotisches Verhalten
- Periodizität
- durchschnittliche und momentane Änderungsrate

Lösen von Gleichungen
- näherungsweise: grafisch, experimentell, iterativ
- exakt: Äquivalenzumformungen, Lösungsformel, Faktorisieren, Substitution

Lineare Gleichungssysteme
- Lösungsverfahren
- Lösungsvielfalt von linearen Gleichungssystemen

*Differenzial- und Integralrechnung*
Funktionstypen
- Potenzfunktionen mit natürlichen Exponenten
- Polynomfunktionen
- Exponentialfunktionen $f(x) = ae^{kx} + b$
- Trigonometrische Funktionen $f(x) = a\sin(bx) + d$, $g(x) = a\cos(bx) + d$

Propädeutik des Grenzwertbegriffs
- Differenzen-, Differenzialquotient, momentane Änderungsrate, Ableitung an einer Stelle $x_0$, Tangentensteigung
- Integral als unendliche Summe

Ableitungs- und Stammfunktionen
- Berechnung von Ableitungsfunktionen
- Ermittlung von Stammfunktionen
- Zusammenhang zwischen den Schaubildern einer Stammfunktion F sowie von f, f' und f"
- Hauptsatz der Differenzial- und Integralrechnung

Schaubilder und ihre Eigenschaften
- Steigungs- und Krümmungsverhalten: Extrem- und Wendepunkte (Sattelpunkte)
- Tangenten und Normalen
- Bestimmung von Funktionstermen aus Eigenschaften ihrer Schaubilder: Lineare Gleichungssysteme mit eindeutiger Lösung

Anwendungen der Differenzial- und Integralrechnung
- Optimierungsprobleme / Extremwertaufgaben
- Berechnung von Flächeninhalten mithilfe der Stammfunktionen

**Arbeitsanweisungen**

In der Formulierung mathematischer Aufgabenstellungen hat sich folgende Fachsprache eingebürgert, die im Folgenden an ein paar Beispielen erläutert wird.

| Fachsprache | Erläuterung |
|---|---|
| Begründen Sie… <br> Zeigen Sie… <br> Ermitteln Sie… <br> Weisen Sie nach… <br> Beschreiben Sie… | Wichtig ist hierbei, wie viele Punkte für diesen Aufgabenteil vergeben werden. Sind z. B. 6 Punkte zu erreichen, bedarf es einer ausführlicheren Begründung, als wenn nur 2 Punkte vergeben werden. Wer die mathematische Fachsprache beherrscht, hat es leichter beim Begründen. <br> *Beispiele für Fachbegriffe und -sprache:* <br> Nullstelle; Krümmung; Monotonie; Extrema; für $x \to \infty$ streben die y-Werte gegen $-\infty$; Streckung; Verschiebung; Asymptote; Amplitude; Periode |
| … **exakt** … | Näherungswerte oder gerundete Resultate sind hier nicht erlaubt, ggf. müssen alle Rechenschritte angegeben werden. <br> *Beispiele für exakte Ergebnisse:* <br> $x = \pi$; $x = 2e$; $x = \sqrt{2}$; $x = \ln 3$ |

## Methodische Hinweise und allgemeine Tipps zur schriftlichen Prüfung

Sag es mir, und ich vergesse es.
Zeige es mir, und ich erinnere mich.
Lass es mich tun, und ich behalte es.
*Konfuzius, 551–479 v. Chr.*

In diesen Worten steckt viel Nützliches für die Prüfungsvorbereitung in Mathematik. Man darf sich gerne etwas zeigen lassen, am besten ist es aber, selbst etwas zu tun und die Sache selbst in die Hand zu nehmen.

– Bereiten Sie sich **langfristig** auf die Fachhochschulreifeprüfung, die im Mai und Juni stattfindet, vor. Die Osterferien bieten sich für eine Vorbereitung an.
– Bei der selbstständigen Bearbeitung der Prüfungsaufgaben sollten Sie zunächst versuchen, allein mit der Aufgabenstellung zurechtzukommen. Klappt dies nicht, nutzen Sie die **Tipps** zu den jeweiligen Aufgaben. Diese sollen Ihnen einen Denkanstoß geben, der Ihnen weiterhilft, ohne die Lösung vorwegzunehmen.
– Verwenden Sie für den Wahlteil stets die **Hilfsmittel** (WTR und Merkhilfe), die in der Prüfung zugelassen sind.
– Oft ist der Zeitfaktor ein großes Problem. Testen Sie, ob Sie eine Aufgabe in der dafür vorgesehenen Zeit allein lösen können. **Simulieren Sie selbst eine Prüfungssituation.**
– Die Lösungen sind nur als Vorschlag zu verstehen. Es wird meist nur ein möglicher Lösungsweg dargestellt. Es ist möglich, dass Sie bei der selbstständigen Bearbeitung auf einem anderen Weg zum selben Ziel kommen.

**Checkliste für die Analysis-Aufgaben**
Mit der folgenden Checkliste können Sie überprüfen, ob Sie mit elementaren Begriffen aus der Analysis umgehen können:

| Schaubilder zeichnen (es gibt relativ viele Punkte für die Zeichnung, die auch verdient werden müssen) | – saubere Zeichnung<br>– Zeichnung hinreichend groß wählen<br>– Achsen beschriften, Pfeile in positiver Richtung eintragen<br>– Einheiten der x- und y-Achse gut überlegen<br>– korrekte Eingabe in den WTR (Hochzahlen, Vorzeichen, Klammern)<br>– bisher berechnete Größen (Nullstellen, Extrema, ...) berücksichtigen; kontrollieren Sie Ihre Ergebnisse mit Ihrer Zeichnung.<br>– markante Punkte mit permanentem Stift eintragen, Kurve mit Bleistift zeichnen, um ggf. wegradieren zu können<br>– Knickstellen vermeiden |
|---|---|

- Hoch- bzw. Tiefpunkt bildet den höchsten bzw. tiefsten Punkt in seiner Umgebung:

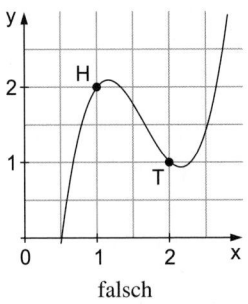

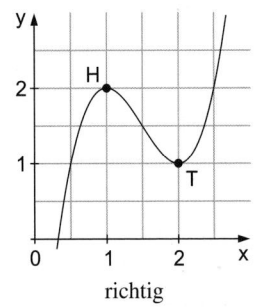

falsch          richtig

- im Wendepunkt Kurve neu ansetzen, da ein Krümmungswechsel vorliegen muss:

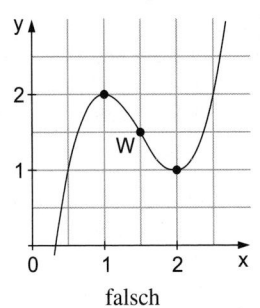

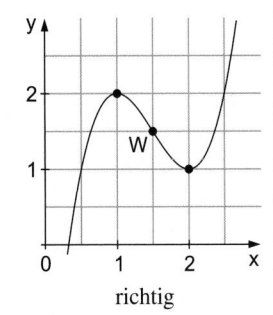

falsch          richtig

- auch bei Nervosität keine „Zitterkurve" zeichnen; keine Punkte dürfen übereinander liegen:

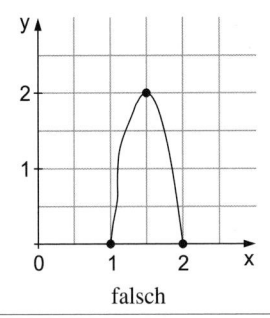

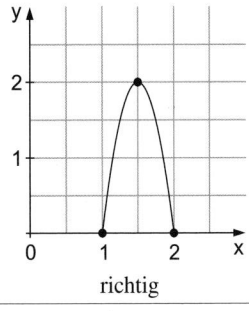

falsch          richtig

| | |
|---|---|
| Extremstelle $x_E$ | $f'(x_E) = 0$ und Vorzeichenwechsel von $f'(x)$ bei $x_E$ <br> Oder: $f'(x_E) = 0$ und $f''(x_E) \neq 0$ |
| Wendestelle $x_W$ | $f''(x_W) = 0$ und Vorzeichenwechsel von $f''(x)$ bei $x_W$ <br> Oder: $f''(x_W) = 0$ und $f'''(x_W) \neq 0$ |

| | |
|---|---|
| Krümmung | Rechtskrümmung für $f''(x)<0$<br>Linkskrümmung für $f''(x)>0$ |
| **N**E**W**-Verfahren | **N**ullstelle; **E**xtremum; **W**endepunkt<br>$f(x)$   N   E   W<br>$f'(x)$      N   E   W   (einfache Nullstellen)<br>$f''(x)$         N   E   W   (einfache Nullstellen)<br>Erklärung: Ein Extremum bei f liegt bei einer einfachen Nullstelle bei f'; eine einfache Nullstelle bei f'' ergibt einen Wendepunkt bei f; usw. |
| Berührstelle $x_B$ von Kurven | $f(x_B)=g(x_B)$ und $f'(x_B)=g'(x_B)$ |
| Symmetrie | Symmetrie zur y-Achse, falls gilt: $f(-x)=f(x)$<br>Punktsymmetrie zum Ursprung, falls gilt: $f(-x)=-f(x)$ |

## Bearbeitung der Prüfungsaufgaben

- Versuchen Sie, den Pflichtteil (ohne Hilfsmittel) nach ca. 60 bis 70 Minuten zu beenden.
- Verschaffen Sie sich einen Überblick über die **drei Aufgaben im Wahlteil**. Zwei Aufgaben müssen Sie auswählen. Beginnen Sie mit der Aufgabe, die Sie am besten beherrschen.
- Sollten Sie bei einem Aufgabenteil ins Stocken geraten, halten Sie sich nicht zu lange damit auf und machen Sie mit dem nächsten Aufgabenteil weiter. Ein ständiger Wechsel der Aufgaben ist jedoch nicht zu empfehlen.
- Schreiben und zeichnen Sie sorgfältig und gut leserlich. Nutzen Sie beim **Wahlteil** die erlaubten Hilfsmittel wie **Merkhilfe** und **WTR**.
- Wenn Sie die „Hälfte der Aufgaben" bearbeitet haben, schauen Sie einmal auf Ihre Uhr, wie viel Zeit bis jetzt vergangen ist. Gegen Ende der Prüfung wird man etwas langsamer beim Rechnen.
- Lesen Sie jede Aufgabenstellung genau durch und **achten Sie auf Kleinigkeiten**. „Schnittpunkte mit den Achsen" erfordert mehr als „Schnittpunkt mit der x-Achse". Es ist hilfreich, wichtige Angaben oder Informationen farbig zu markieren.

## Die Arbeit mit einem Lösungsplan

Aufgrund des Umfangs und der Komplexität der Aufgaben empfiehlt es sich, beim Lösen systematisch zu arbeiten. Folgende Vorgehensweise hilft Ihnen dabei:

*Schritt 1:*
Nehmen Sie sich ausreichend Zeit zum **Analysieren** der Aufgabenstellung. Stellen Sie fest, zu welchem Themenbereich die Aufgabe gehört. Sammeln Sie alle Informationen, welche direkt gegeben sind, und achten Sie darauf, ob evtl. versteckte Informationen enthalten sind.

*Schritt 2:*
Markieren Sie die **Arbeitsanweisungen** in der Aufgabenstellung. Diese geben an, was in der Aufgabe von Ihnen verlangt wird. Verdeutlichen Sie sich die **Bedeutung der verwendeten Fachbegriffe.**

*Schritt 3:*
Versuchen Sie, den Sachverhalt zu veranschaulichen. Beachten Sie alle vorherigen Ergebnisse. Besonders die Teilaufgaben, bei denen ein Zwischenergebnis angegeben ist, werden im Weiteren wieder benötigt. Fertigen Sie gegebenenfalls mithilfe der Angaben und Zwischenergebnisse aus vorherigen Teilaufgaben eine **Skizze** an.

*Schritt 4:*
Erarbeiten Sie nun schrittweise den **Lösungsplan**, um aus den gegebenen Informationen die gesuchte Größe zu erhalten. Notieren Sie sich, welche Einzel- bzw. Zwischenschritte auf dem Lösungsweg notwendig sind. Prinzipiell haben Sie zwei Möglichkeiten, oft hilft auch eine Kombination beider Vorgehensweisen:
– Sie gehen vom Gegebenen aus und versuchen, das Gesuchte zu erschließen.
– Sie gehen von dem Gesuchten aus und überlegen „rückwärts", wie Sie zur Ausgangssituation kommen.
Bei diesem Schritt wird dann sukzessive die **Lösung dargestellt.**

*Schritt 5:*
Suchen Sie nach geeigneten Möglichkeiten, das Ergebnis zu **kontrollieren.** Oftmals sind bereits Überschlagsrechnungen, Punktproben und Grobskizzen ausreichend.

**Merkhilfe Mathematik**
**Sekundarstufe II an beruflichen Schulen in Baden-Württemberg**

Für die schriftliche Fachhochschulreifeprüfung sind nur die hier abgedruckten Inhalte der Merkhilfe relevant, die nicht mit einem grauen Balken markiert sind.

## 1 Zahlenmengen

$\mathbb{N} = \{0; 1; 2; 3; \ldots\}$  Menge der natürlichen Zahlen  $\mathbb{N}^* = \mathbb{N} \setminus \{0\}$

$\mathbb{Z} = \{\ldots; -2; -1; 0; 1; 2; \ldots\}$  Menge der ganzen Zahlen  $\mathbb{Z}^* = \mathbb{Z} \setminus \{0\}$

$\mathbb{R}$  Menge der reellen Zahlen  $\mathbb{R}^* = \mathbb{R} \setminus \{0\}$

$\mathbb{R}_+ = \{x \mid x \in \mathbb{R} \wedge x \geq 0\}$  Menge der nichtnegativen reellen Zahlen  $\mathbb{R}_+^* = \mathbb{R}_+ \setminus \{0\}$

## 2 Geometrie

**Ebene Figuren**  A: Flächeninhalt  u: Umfang

Dreieck  $A = \dfrac{1}{2} \cdot g \cdot h$

Rechtwinkliges Dreieck

Satz des Pythagoras  $c^2 = a^2 + b^2$

$\sin(\alpha) = \dfrac{a}{c}$  $\cos(\alpha) = \dfrac{b}{c}$  $\tan(\alpha) = \dfrac{a}{b}$

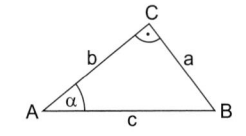

| Parallelogramm | Raute | Trapez |
|---|---|---|
| $A = a \cdot h_a$ | $A = \dfrac{1}{2} \cdot e \cdot f$ | $A = \dfrac{1}{2} \cdot (a + c) \cdot h$ |

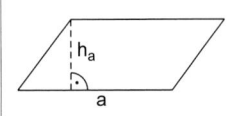

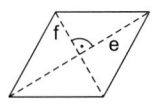

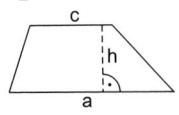

Kreis  $A = \pi \cdot r^2$  $u = 2 \cdot \pi \cdot r$

**Körper**  V: Volumen  M: Mantelfläche  O: Oberfläche  G: Grundfläche

| | |
|---|---|
| Prisma<br>$V = G \cdot h$ 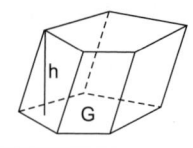 | Pyramide<br>$V = \dfrac{1}{3} \cdot G \cdot h$ 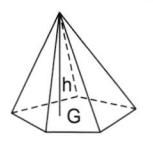 |
| Gerader Kreiszylinder<br>$V = \pi \cdot r^2 \cdot h$<br>$M = 2 \cdot \pi \cdot r \cdot h$ 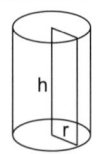 | Gerader Kreiskegel<br>$V = \dfrac{1}{3} \cdot \pi \cdot r^2 \cdot h$<br>$M = \pi \cdot r \cdot s$ 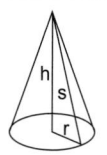 |
| Kugel $\quad V = \dfrac{4}{3} \cdot \pi \cdot r^3 \qquad O = 4 \cdot \pi \cdot r^2$ | |

## 3 Terme

**Binomische Formeln**

$(a+b)^2 = a^2 + 2ab + b^2 \qquad (a-b)^2 = a^2 - 2ab + b^2 \qquad (a+b)(a-b) = a^2 - b^2$

**Potenzen und Wurzeln**

mit $a, b \in \mathbb{R}_+^*$; $n \in \mathbb{N} \setminus \{0; 1\}$; $r, s \in \mathbb{R}$

$a^r \cdot a^s = a^{r+s} \qquad \dfrac{a^r}{a^s} = a^{r-s} \qquad a^r \cdot b^r = (ab)^r \qquad \dfrac{a^r}{b^r} = \left(\dfrac{a}{b}\right)^r$

$a^{-r} = \dfrac{1}{a^r} \qquad a^{\frac{1}{n}} = \sqrt[n]{a} \qquad \left(a^r\right)^s = a^{r \cdot s} \qquad a^0 = 1$

## 4 Funktionen und zugehörige Gleichungen

**Potenzfunktion** mit $f(x) = x^k$ mit $k \in \mathbb{Z}^*$

k gerade und positiv

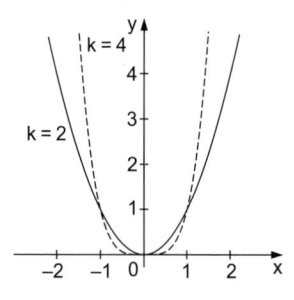

k ungerade und positiv

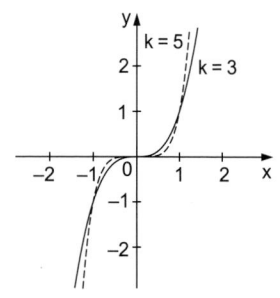

k gerade
und negativ

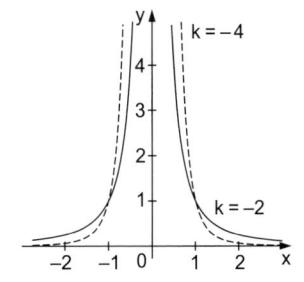

k = −4

k = −2

k ungerade
und negativ

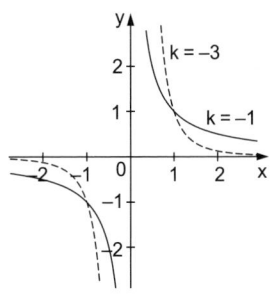

k = −3

k = −1

waagrechte Asymptote y = 0, senkrechte Asymptote x = 0

**Wurzelfunktion** mit $f(x) = \sqrt[n]{x} = x^{\frac{1}{n}}$ mit $n \in \mathbb{N} \setminus \{0; 1\}$

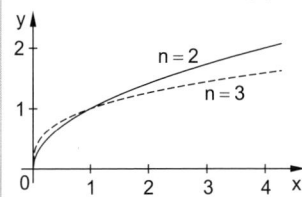

n = 2

n = 3

Potenzgleichung mit $n \in \mathbb{N} \setminus \{0; 1\}$

$x^n = a$ $\quad a \geq 0 \quad$ falls n gerade $\quad x_{1/2} = \pm \sqrt[n]{a}$

$\qquad\qquad\qquad$ falls n ungerade $\quad x = \sqrt[n]{a}$

$x^n = a$ $\quad a < 0 \quad$ falls n ungerade $\quad x = -\sqrt[n]{|a|}$

**Polynomfunktion**

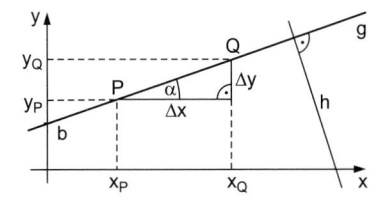

**Polynomfunktion ersten Grades (Lineare Funktion)**

$f(x) = mx + b$

Das Schaubild ist eine Gerade mit der Steigung m und dem y-Achsenabschnitt b.

Steigung $\qquad m = \dfrac{\Delta y}{\Delta x} = \dfrac{y_Q - y_P}{x_Q - x_P}$

Punkt-Steigungs-Form $\quad y = m(x - x_P) + y_P$

Steigungswinkel $\qquad m = \tan(\alpha)$

Orthogonalität $\qquad m_g \cdot m_h = -1 \Leftrightarrow g \perp h$

## Polynomfunktion zweiten Grades (Quadratische Funktion)

$f(x) = ax^2 + bx + c$

Linearfaktorzerlegung $f(x) = a(x - x_1)(x - x_2)$

Das Schaubild ist eine Parabel mit Scheitel S.

Scheitelform $\qquad y = a(x - x_S)^2 + y_S$

### Quadratische Gleichung

$ax^2 + bx + c = 0 \qquad x_{1/2} = \dfrac{-b \pm \sqrt{b^2 - 4ac}}{2a} \qquad$ falls $b^2 - 4ac \geq 0$

$x^2 + px + q = 0 \qquad x_{1/2} = -\dfrac{p}{2} \pm \sqrt{\left(\dfrac{p}{2}\right)^2 - q} \qquad$ falls $\left(\dfrac{p}{2}\right)^2 - q \geq 0$

## Polynomfunktion dritten Grades

$f(x) = ax^3 + bx^2 + cx + d$

## Polynomfunktion n-ten Grades

$f(x) = a_n x^n + a_{n-1} x^{n-1} + \ldots + a_2 x^2 + a_1 x + a_0 \quad$ mit Koeffizienten $a_i \in \mathbb{R};\ a_n \neq 0$

## Exponentialfunktion

$f(x) = a \cdot q^x + d \quad$ mit $a \neq 0;\ q > 0 \wedge q \neq 1$

$f(x) = a \cdot e^{bx} + d \quad$ mit $a \neq 0;\ b \in \mathbb{R}^*$

Asymptote $y = d$

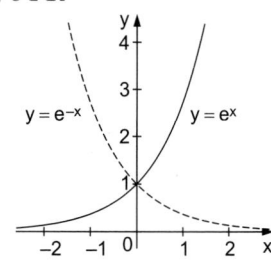

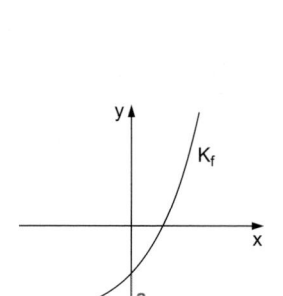

Exponentialgleichung mit $q, y \in \mathbb{R}_+^*$

$y = q^x \quad \Leftrightarrow \quad x = \log_q(y)$

$y = e^x \quad \Leftrightarrow \quad x = \ln(y)$

$q^x = e^{\ln(q) \cdot x} \qquad \log_q(y) = \dfrac{\ln(y)}{\ln(q)} \qquad e^{\ln(y)} = y \qquad \ln(e^x) = x$

## Trigonometrische Funktion

$f(x) = a \cdot \sin(b(x-c)) + d$ mit $a, b \neq 0$

Amplitude $|a|$

Periode $p = \dfrac{2\pi}{|b|}$

| Bogenmaß x | 0 | $\frac{1}{6}\pi$ | $\frac{1}{4}\pi$ | $\frac{1}{3}\pi$ | $\frac{1}{2}\pi$ |
|---|---|---|---|---|---|
| sin(x) | 0 | $\frac{1}{2}$ | $\frac{1}{2}\sqrt{2}$ | $\frac{1}{2}\sqrt{3}$ | 1 |
| cos(x) | 1 | $\frac{1}{2}\sqrt{3}$ | $\frac{1}{2}\sqrt{2}$ | $\frac{1}{2}$ | 0 |

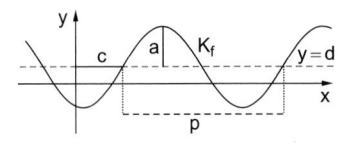

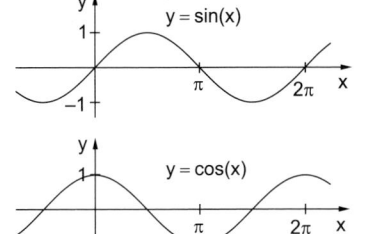

## Abbildungen

Das Schaubild von g entsteht aus dem Schaubild von f durch

| | | |
|---|---|---|
| Spiegelung | an der x-Achse | $g(x) = -f(x)$ |
| | an der y-Achse | $g(x) = f(-x)$ |
| Streckung | mit Faktor $\dfrac{1}{b}$ (b > 0) in x-Richtung | $g(x) = f(b \cdot x)$ |
| | mit Faktor a (a > 0) in y-Richtung | $g(x) = a \cdot f(x)$ |
| Verschiebung | um c in x-Richtung | $g(x) = f(x-c)$ |
| | um d in y-Richtung | $g(x) = f(x) + d$ |

## Umkehrfunktion

Ist eine Funktion f auf einem Intervall streng monoton (wachsend oder fallend), so ist f auf diesem Intervall umkehrbar.

Das Schaubild der Umkehrfunktion $f^{-1}$ entsteht durch Spiegelung des Schaubildes von f an der ersten Winkelhalbierenden.

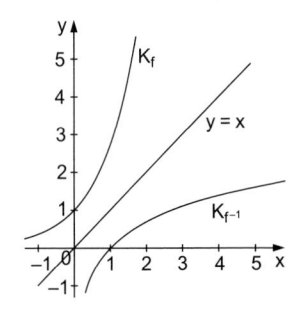

# 5 Analysis

## Änderungsrate

Durchschnittliche/Mittlere
Änderungsrate im Intervall $[x_0; x_1]$

$$\frac{\Delta y}{\Delta x} = \frac{f(x_1) - f(x_0)}{x_1 - x_0}$$

Momentane/Lokale Änderungsrate (Ableitung)
an der Stelle $x_0$

$$f'(x_0) = \lim_{x \to x_0} \frac{f(x) - f(x_0)}{x - x_0}$$

## Ableitungsregeln

| | | | |
|---|---|---|---|
| Summenregel | $f(x) = u(x) + v(x)$ | $\Rightarrow$ | $f'(x) = u'(x) + v'(x)$ |
| Faktorregel | $f(x) = a \cdot u(x)$ | $\Rightarrow$ | $f'(x) = a \cdot u'(x)$ |
| Kettenregel | $f(x) = u(v(x))$ | $\Rightarrow$ | $f'(x) = u'(v(x)) \cdot v'(x)$ |
| Produktregel | $f(x) = u(x) \cdot v(x)$ | $\Rightarrow$ | $f'(x) = u'(x) \cdot v(x) + u(x) \cdot v'(x)$ |

## Spezielle Ableitungen/Stammfunktionen mit $C \in \mathbb{R}$

| | | |
|---|---|---|
| $f(x) = x^k$ | $f'(x) = k \cdot x^{k-1}$ | $F(x) = \frac{1}{k+1} \cdot x^{k+1} + C$ mit $k \neq -1$ |
| $f(x) = e^{bx}$ | $f'(x) = b \cdot e^{bx}$ | $F(x) = \frac{1}{b} \cdot e^{bx} + C$ mit $b \in \mathbb{R}^*$ |
| $f(x) = \sin(bx)$ | $f'(x) = b \cdot \cos(bx)$ | $F(x) = -\frac{1}{b} \cdot \cos(bx) + C$ mit $b \in \mathbb{R}^*$ |
| $f(x) = \cos(bx)$ | $f'(x) = -b \cdot \sin(bx)$ | $F(x) = \frac{1}{b} \cdot \sin(bx) + C$ mit $b \in \mathbb{R}^*$ |

## Tangente und Normale

| | |
|---|---|
| Tangentensteigung | $m_t = f'(u)$ |
| Tangentengleichung | $y = f'(u)(x - u) + f(u)$ |
| Normalensteigung | $m_n = \frac{-1}{f'(u)}$ |
| Normalengleichung | $y = \frac{-1}{f'(u)}(x - u) + f(u)$ |

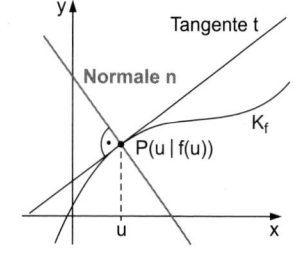

## Untersuchung von Funktionen und ihren Schaubildern

| Symmetrie | $K_f$ ist symmetrisch zur y-Achse | $f(-x) = f(x)$ für alle x |
|---|---|---|
| | $K_f$ ist symmetrisch zum Ursprung | $f(-x) = -f(x)$ für alle x |
| Monotonie | f steigt monoton im Intervall J | $f'(x) \geq 0$ im Intervall J |
| | f fällt monoton im Intervall J | $f'(x) \leq 0$ im Intervall J |
| Krümmung | $K_f$ ist im Intervall J linksgekrümmt | $f''(x) \geq 0$ im Intervall J |
| | $K_f$ ist im Intervall J rechtsgekrümmt | $f''(x) \leq 0$ im Intervall J |
| Hochpunkt | $K_f$ hat den Hochpunkt $H(x_0 \mid f(x_0))$ | $f'(x_0) = 0$ und VZW $+/-$ von $f'(x)$ bei $x_0$ oder $f''(x_0) < 0$ |
| Tiefpunkt | $K_f$ hat den Tiefpunkt $T(x_0 \mid f(x_0))$ | $f'(x_0) = 0$ und VZW $-/+$ von $f'(x)$ bei $x_0$ oder $f''(x_0) > 0$ |
| Wendepunkt | $K_f$ hat den Wendepunkt $W(x_0 \mid f(x_0))$ | $f''(x_0) = 0$ und VZW von $f''(x)$ bei $x_0$ oder $f'''(x_0) \neq 0$ |

## Berechnung bestimmter Integrale

$$\int_a^b f(x)\,dx = \left[F(x)\right]_a^b = F(b) - F(a), \text{ wobei F eine Stammfunktion von f ist.}$$

## Flächenberechnung

$$A_1 = \int_a^{x_1} f(x)\,dx \qquad A = \int_{x_1}^{x_2} (f(x) - g(x))\,dx$$

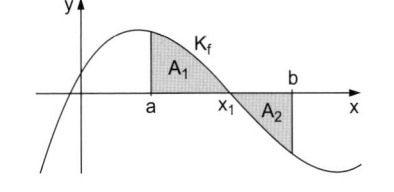

$$A_2 = -\int_{x_1}^b f(x)\,dx \qquad \text{falls } f(x) \geq g(x) \text{ für } x \in [x_1; x_2]$$

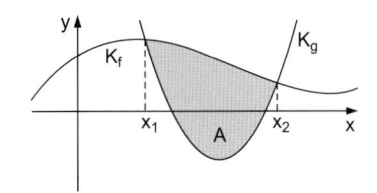

**Mittelwert**

$$m = \frac{1}{b-a} \int_a^b f(x)\,dx$$

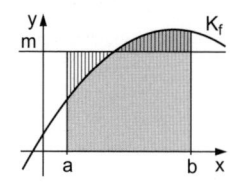

**Rotationsvolumen**

$$V = \pi \cdot \int_a^b (f(x))^2\,dx$$

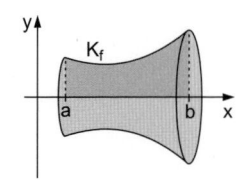

Die Merkhilfe stellt keine Formelsammlung im klassischen Sinn dar. Bezeichnungen werden nicht vollständig erklärt und Voraussetzungen für die Gültigkeit der Formeln in der Regel nicht dargestellt.

**Fachhochschulreife Mathematik (Berufskolleg Baden-Württemberg)**
**Pflichtteil – Übungsaufgabe 1**

Punkte

1  Gegeben sei die Funktion f mit $f(x) = -\sin(2x) + 2$; $x \in [0; 4]$.
   Ihr Schaubild sei $K_f$.

1.1 Begründen Sie, warum keine der folgenden Abbildungen A, B und C
    zum Schaubild von f gehören kann. 6

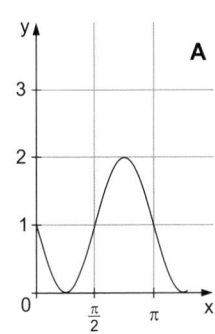

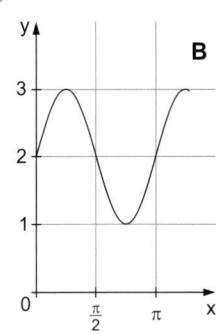

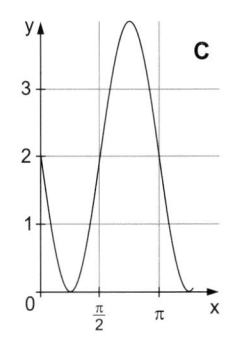

1.2 Skizzieren Sie $K_f$. 3

1.3 Bestimmen Sie für die Funktion f die Gleichung einer Wendetangente. 3

1.4 Entscheiden Sie, ob für die Funktion g des **Schaubildes A** die folgenden Aussagen wahr oder falsch sind.
    Begründen Sie Ihre Entscheidung.

   (1) $g'(\pi) = 1$

   (2) $\int_0^{\frac{\pi}{2}} g(x)\,dx = \frac{\pi}{2}$

   (3) $\int_0^{\pi} (1 - g(x))\,dx = 0$

   (4) $g'\left(\frac{\pi}{4}\right) = g''\left(\frac{\pi}{4}\right)$   8

1.5 Gegeben sei die Funktion h mit $h(x) = 0{,}5(x-3)^2 - 2$; $x \in \mathbb{R}$. Ihr Schaubild sei $K_h$.

1.5.1 Bestimmen Sie die Achsenschnittpunkte von $K_h$. 3

1.5.2 Wie entsteht das Schaubild von h aus dem Schaubild der Normalparabel?     3

1.5.3 Berechnen Sie den Tiefpunkt von $K_h$.     4

        30

# Tipps und Hinweise

**Aufgabenteil 1.1**
*Begründung, dass die Schaubilder nicht zur Funktion f passen*
- Die allgemeine Funktionsgleichung ist: $f(x) = a \cdot \sin(kx) + b$
- Welche Zahl (a, k, b) stimmt jeweils nicht?

**Aufgabenteil 1.2**
*Zeichnen der Kurve*
- Eine Zeichnung ist **keine** Skizze. Tragen Sie zuerst die Nullstellen, die Extrempunkte und den Wendepunkt in ein Koordinatensystem ein.

**Aufgabenteil 1.3**
*Wendetangente*
- Bestimmen Sie die Koordinaten eines Wendepunktes.
- Berechnen Sie die Steigung m der Tangente in diesem Punkt.
- Bestimmen Sie zum Beispiel über die Hauptform ($y = mx + b$) oder die Punkt-Steigungs-Form ($y = m(x - x_1) + y_1$) die Gleichung der Wendetangente.

**Aufgabenteil 1.4**
*Wahre und falsche Aussagen; Begründung*
- (1) Betrachten Sie die Steigung der Tangente an der Stelle $x = \pi$.
- (2) Bestimmen Sie den Flächeninhalt eines Kästchens. Vergleichen Sie diese Fläche mit der Fläche zwischen der Kurve und der x-Achse.
- (3) Mithilfe des Integrals kann man die Fläche zwischen zwei Kurven berechnen.
- (4) Vergleichen Sie die Steigung (1. Ableitung) und die Krümmung (2. Ableitung) an der Stelle $x = \frac{\pi}{4}$.

**Aufgabenteil 1.5.1**
*Achsenschnittpunkte*
- Für die Nullstellen gilt: $h(x) = 0$
- Bestimmen Sie die Lösung dieser quadratischen Gleichung.

**Aufgabenteil 1.5.2**
*Verschiebungen, Streckungen*
- Die Normalparabel hat die Funktionsgleichung $f(x) = x^2$.
- Was bewirkt der Faktor 0,5?
- Was bewirkt der Ausdruck $(x - 3)^2$?
- Welche Bedeutung hat die Zahl $-2$?

**Aufgabenteil 1.5.3**
*Tiefpunkt bzw. Scheitelpunkt*
- Beachten Sie die 2. Binomische Formel.

## Lösung

**1.1 Begründung, dass die Schaubilder nicht zur Funktion f passen**

Die Funktionsgleichungen zu den drei gezeigten Schaubildern haben alle die Form $g(x) = a \cdot \sin(2x) + b$. Für die gegebene Funktion f gilt $a = -1$ und $b = 2$.

Schaubild A passt nicht zur Funktion f. Begründung: $b = 1 \neq 2$
Schaubild B passt nicht zur Funktion f. Begründung: $a = 1 \neq -1$
Schaubild C passt nicht zur Funktion f. Begründung: $a = -2 \neq -1$

**1.2 Zeichnen der Kurve $K_f$**

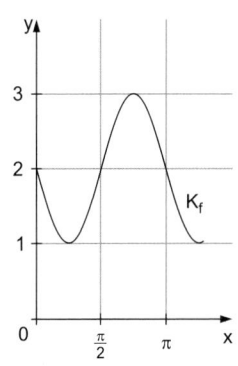

**1.3 Berechnung der Wendetangente**

Zum Beispiel kann der Wendepunkt $W(0\,|\,2)$ betrachtet werden.

Steigung in W: Mit $f'(x) = -2\cos(2x)$ ergibt sich $f'(0) = -2\cos(0) = -2$.

Gleichung einer Wendetangente: $\underline{\underline{y = -2x + 2}}$

**1.4 Aussagen sind wahr oder falsch; Begründung**

Betrachtet wird die Funktion g mit ihrem Schaubild A.

(1) Die Behauptung ist falsch.
   Begründung: Es ist $g'(\pi) < 0$, da die Kurve bei $x = \pi$ fallend ist.

(2) Die Behauptung ist falsch.
   Begründung: Ein Kästchen hat den Flächeninhalt $\frac{\pi}{2} \cdot 1 = \frac{\pi}{2}$.
   Die Fläche zwischen dem Schaubild A und der x-Achse beträgt weniger als ein Kästchen (siehe nebenstehende Grafik).

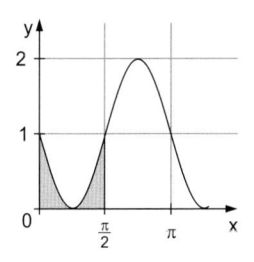

(3) Die Behauptung ist richtig.
Begründung: Die beiden Flächen (in der Grafik grau getönt) sind gleich groß (aufgrund der Symmetrie-Eigenschaft der trigonometrischen Funktionen).

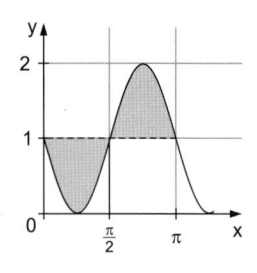

(4) Die Behauptung ist falsch.
Begründung: $g'\left(\frac{\pi}{4}\right) = 0$, da Tiefpunkt $T\left(\frac{\pi}{4} \mid 0\right)$

$g''\left(\frac{\pi}{4}\right) > 0$, da die Kurve im Intervall $I = \left]0; \frac{\pi}{2}\right[$ linksgekrümmt ist.

## 1.5.1 Gemeinsame Punkte mit den Achsen
Schnittpunkt mit der y-Achse: Mit $f(0) = 2{,}5$ $\Rightarrow$ $\underline{\underline{S_y(0 \mid 2{,}5)}}$

Nullstelle: $f(x) = 0$
$0{,}5(x-3)^2 - 2 = 0$ $\Rightarrow$ $(x-3)^2 = 4$ $\Rightarrow$ $x^2 - 6x + 5 = 0$
Die p-q-Formel liefert: $x_1 = 5$; $x_2 = 1$
Die Schnittpunkte mit der x-Achse sind: $\underline{\underline{N_1(1 \mid 0); \; N_2(5 \mid 0)}}$

## 1.5.2 Verschiebung, Streckung
Ausgehend vom Schaubild von f mit $f(x) = x^2$ (Normalparabel):
1. Streckung mit dem Faktor $k = 0{,}5$ in y-Richtung.
2. Verschiebung um 3 (nach rechts) in x-Richtung.
3. Verschiebung um $-2$ (2 nach unten) in y-Richtung.

## 1.5.3 Berechnung des Tiefpunktes
$h(x) = 0{,}5(x-3)^2 - 2 = 0{,}5x^2 - 3x + 2{,}5$ (2. Binomische Formel)
Ableitungen:
$h'(x) = x - 3$; $h''(x) = 1$
Bedingung für Tiefpunkt: $h'(x) = 0$
$x - 3 = 0$ $\Rightarrow$ $x = 3$
Aus $h''(3) = 1 > 0$ und $h(3) = -2$ folgt $\underline{\underline{T(3 \mid -2)}}$.

## Fachhochschulreife Mathematik (Berufskolleg Baden-Württemberg)
## Pflichtteil – Übungsaufgabe 2

**Punkte**

2.1 Gegeben sei die Funktion f mit $f(x) = 4\cos(\pi x)$; $x \in [0; 2]$.
Ihr Schaubild sei $K_f$.

2.1.1 Bestimmen Sie die Periode von f.
Skizzieren Sie $K_f$.
Bestimmen Sie die Koordinaten der drei Extrempunkte von $K_f$.
Berechnen Sie die Koordinaten der zwei Wendepunkte von $K_f$. **8**

2.1.2 Die Gerade g verläuft durch die beiden Hochpunkte von $K_f$.
$K_f$ und g schließen eine Fläche ein.
Berechnen Sie den exakten Inhalt dieser Fläche. **4**

2.2 Die Abbildung zeigt einen Ausschnitt des Schaubildes $K_h$ einer trigonometrischen Funktion h.
Es gilt:
$$\int_0^{0,25} h(x)\,dx = 5 \quad \text{und} \quad h(1) = 0$$

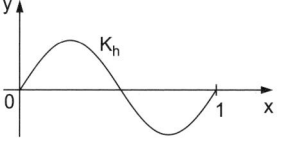

2.2.1 Bestimmen Sie den exakten Wert folgender Integrale und begründen Sie Ihre Antwort.

(1) $\int_0^1 h(x)\,dx$

(2) $\int_{0,5}^1 h(x)\,dx$

(3) $\int_{-1}^{8,5} h(x)\,dx$

(4) $\int_0^{0,5} (h(x) + 16)\,dx$ **8**

2.2.2 Geben Sie jeweils ein Intervall I an, für das gilt:
(1) $h(x) < 0$
(2) $h'(x) \geq 0$
(3) $h''(x) < 0$ **3**

2.2.3 Bestimmen Sie die Koordinaten des Hochpunktes von $K_h$ exakt.

Beachten Sie: $\int_{0}^{0,25} h(x)\,dx = 5$

$\frac{7}{30}$

# Tipps und Hinweise

## Aufgabenteil 2.1.1

*Bestimmen der Periode p*

- Beachten Sie: $f(x) = a\cos(kx) \Rightarrow p = \frac{2\pi}{k}$ (falls $k > 0$)

*Skizzieren der Kurve*

- Beachten Sie die Periodenlänge, die Amplitude und die mittlere Linie.

*Bestimmen der Extrempunkte*

- Entnehmen Sie Ihrer Zeichnung (Formulierung: „Bestimmen Sie …") die Extrempunkte.

*Berechnung der Wendepunkte*

- Bilden Sie die drei Ableitungsfunktionen f', f", f'".
- Berechnen Sie die beiden Lösungen der Gleichung $f''(x) = 0$.
- Aus f'"(x) und f(x) ergeben sich die Wendepunkte.

## Aufgabenteil 2.1.2

*Flächenberechnung*

- Skizzieren Sie die gesuchte Fläche.
- Berechnen Sie mit einer Stammfunktion den exakten Wert der von den beiden Schaubildern eingeschlossenen Fläche.

## Aufgabenteil 2.2.1

*Integralbestimmung*

- Was bedeutet $\int_{0}^{0,25} h(x)\,dx = 5$?

Veranschaulichen Sie sich dies mithilfe einer Fläche.

- Integral (1): Beachten Sie Flächen ober- und unterhalb der x-Achse.
- Integral (2): Beachten Sie die Symmetrie des Schaubildes.
- Integral (3): Beachten Sie:

$$\int_{0}^{1} h(x)\,dx = \int_{-1}^{1} h(x)\,dx = \int_{1}^{2} h(x)\,dx = \int_{2}^{3} h(x)\,dx = \ldots = 0$$

- Integral (4): Es gilt:

$$\int_{0}^{0,5} (h(x)+16)\,dx = \int_{0}^{0,5} h(x)\,dx + \int_{0}^{0,5} 16\,dx$$

*Alternativ:* Verschieben Sie das Schaubild von h um 16 Längeneinheiten nach oben. Unterteilen Sie die gesuchte Fläche in zwei „sinnvolle Teilflächen" und bestimmen Sie jeweils deren Flächeninhalt.

**Aufgabenteil 2.2.2**

*Intervallbestimmung*

- (1) $h(x) < 0$ bedeutet:
  Im gesuchten Intervall befinden sich **alle** Kurvenpunkte unterhalb der x-Achse.
- (2) $h'(x) \geq 0$ bedeutet:
  Die Steigung der Tangente im Intervall I ist größer oder gleich 0.
- (3) $h''(x) < 0$ bedeutet:
  Rechtskrümmung für alle Punkte im Intervall.

**Aufgabenteil 2.2.3**

*Hochpunkt des Schaubildes von h*

- Beachten Sie: Die Funktionsgleichung lautet: $h(x) = a \cdot \sin(kx)$
- Bestimmen Sie k mithilfe der Periode p.
- Bestimmen Sie a.
- Bestimmen Sie mit der Amplitude die Koordinaten des Hochpunktes H.

# Lösung

## 2.1.1 Periode

$$p = \frac{2\pi}{k} = \frac{2\pi}{\pi} = \underline{\underline{2}}$$

**Schaubild**

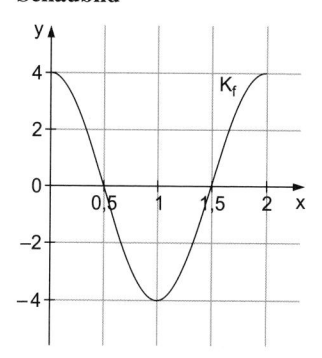

**Extrempunkte**
Aus dem Schaubild lässt sich ablesen: $\underline{\underline{H_1(0|4); \; T(1|-4); \; H_2(2|4)}}$

**Berechnung der Wendepunkte**
Ableitungen: $f'(x) = -4\pi \sin(\pi x); \; f''(x) = -4\pi^2 \cos(\pi x); \; f'''(x) = 4\pi^3 \sin(\pi x)$

Beachten Sie:

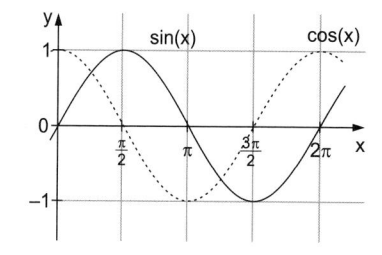

Bedingung für Wendepunkt: $f''(x) = 0$ und $f'''(x) \neq 0$

$f''(x) = 0 \; \Rightarrow \; -4\pi^2 \cos(\pi x) = 0 \; \Rightarrow \; \cos(\pi x) = 0 \; \Rightarrow \; \begin{cases} \pi x = 0,5\pi \; \Rightarrow \; x_1 = 0,5 \\ \pi x = 1,5\pi \; \Rightarrow \; x_2 = 1,5 \end{cases}$

Mit $f'''(0,5) = 4\pi^3 \sin(0,5\pi) = 4\pi^3 \neq 0$ und $f(0,5) = 0$ folgt $\underline{\underline{W_1(0,5|0)}}$.

Mit $f'''(1,5) = 4\pi^3 \sin(1,5\pi) = -4\pi^3 \neq 0$ und $f(1,5) = 0$ folgt $\underline{\underline{W_2(1,5|0)}}$.

## 2.1.2 Inhalt der Fläche

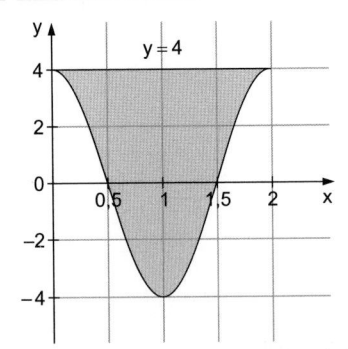

Gerade durch die beiden Hochpunkte g: $y = 4$

Berechnen des Integrals:

$$\int_0^2 (4 - 4\cos(\pi x))\, dx = \left[4x - \frac{4}{\pi}\sin(\pi x)\right]_0^2 = 8 - \frac{4}{\pi}\underbrace{\sin(2\pi)}_{=0} - \left(0 - \frac{4}{\pi}\underbrace{\sin(0)}_{=0}\right) = 8$$

Der Inhalt der Fläche beträgt 8 FE.

## 2.2.1 Beachten Sie: $\int_0^{0,25} h(x)\, dx = 5$

Veranschaulichung: Die Fläche (siehe Bild) hat den Inhalt 5.

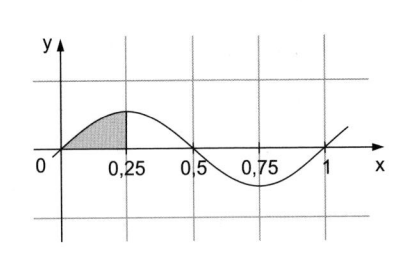

Für die Fläche über der x-Achse gilt:

$$A = \int_0^{0,5} h(x)\, dx = 2 \cdot \int_0^{0,25} h(x)\, dx = 2 \cdot 5 = 10 \text{ FE}$$

(1) $\int_0^1 h(x)\, dx = \underline{\underline{0}}$

Die Flächen unter und über der x-Achse sind gleich groß.

(2) $\int_{0,5}^1 h(x)\, dx = \underline{\underline{-10}}$

Die Fläche liegt unter der x-Achse.

(3) $\int_{-1}^{8,5} h(x)\,dx = \underline{\underline{10}}$

Denn: $\int_{-1}^{8,5} h(x)\,dx = \int_{-1}^{8} h(x)\,dx + \int_{8}^{8,5} h(x)\,dx = 0 + 10 = 10$

(4) $\int_{0}^{0,5} (h(x)+16)\,dx = \int_{0}^{0,5} h(x)\,dx + \int_{0}^{0,5} 16\,dx = 10 + 16 \cdot 0,5 = \underline{\underline{18}}$

### 2.2.2 Intervallbestimmung

(1) $h(x) < 0$    Schaubild von h verläuft unterhalb der x-Achse: $I = \underline{\underline{]0,5;1[}}$

(2) $h'(x) \geq 0$    h steigt monoton: $I = \underline{\underline{[0;0,25]}}$

(3) $h''(x) < 0$    $K_h$ ist rechtsgekrümmt: $I = \underline{\underline{]0;0,5[}}$

### 2.2.3 Berechnung des Hochpunktes

Zum Aufstellen der Funktionsgleichung von h wählt man den Ansatz:
$h(x) = a \cdot \sin(kx)$

Berechnung von k mithilfe der Periode p

$p = \dfrac{2\pi}{k}$ und $p = 1 \Rightarrow k = 2\pi$

Zwischenergebnis:
$h(x) = a \cdot \sin(2\pi x)$

Für die Berechnung von a gilt nach Voraussetzung einerseits:
$\int_{0}^{0,25} h(x)\,dx = 5$

Mit dem Zwischenergebnis erhält man andererseits:

$\int_{0}^{0,25} h(x)\,dx = \int_{0}^{0,25} (a\sin(2\pi x))\,dx = \left[-\dfrac{a}{2\pi}\cos(2\pi x)\right]_{0}^{0,25}$

$= -\dfrac{a}{2\pi}\underbrace{\cos(0,5\pi)}_{=0} - \left(-\dfrac{a}{2\pi}\underbrace{\cos(0)}_{=1}\right) = \dfrac{a}{2\pi}$

Somit:

$\dfrac{a}{2\pi} = 5 \;\Rightarrow\; a = 10\pi$

Die Amplitude beträgt also $10\pi$.

Funktionsgleichung:
$h(x) = 10\pi \sin(2\pi x)$

Periode: $p = \dfrac{2\pi}{2\pi} = 1$

Ergebnis: $\underline{\underline{H(0,25 \mid 10\pi)}}$

Skizze:

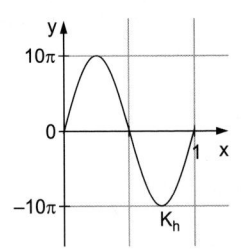

## Fachhochschulreife Mathematik (Berufskolleg Baden-Württemberg)
## Pflichtteil – Übungsaufgabe 3

Punkte

3.1 In der nebenstehenden Abbildung ist das Schaubild K einer ganzrationalen Funktion k vom Grad 3 zu sehen. Lesen Sie die Schnittpunkte mit der x-Achse, die Extrempunkte und den Wendepunkt aus dem Schaubild K ab. Geben Sie einen geeigneten Funktionsterm k(x) an.   4

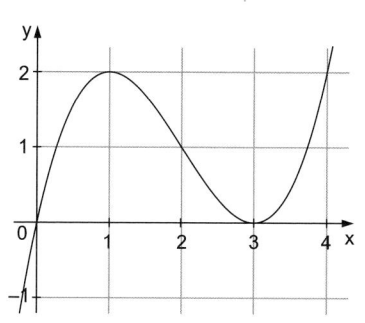

3.2 Zeigen Sie: Die Schaubilder der Funktionen f und g mit $f(x) = e^{2x}$ und $g(x) = 2e^x - 1$ für $x \in \mathbb{R}$ haben an der Stelle $x_0 = 0$ eine gemeinsame Tangente. Welche Bedeutung hat dies für die Schaubilder? Geben Sie die Gleichung der Tangente an.   4

3.3 Die Abbildung zeigt das Schaubild einer trigonometrischen Funktion h.

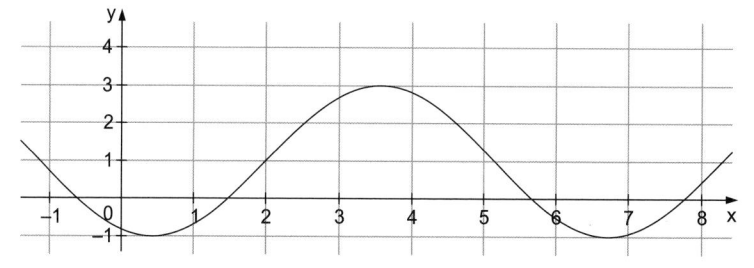

3.3.1 Ermitteln Sie die Amplitude und die Periode und geben Sie den zugehörigen Funktionsterm von h an.   3

3.3.2 Skizzieren Sie das Schaubild der Ableitungsfunktion h' von h.   4

3.4 Beschreiben Sie jeweils, wie das Schaubild $K_f$ der Funktion f aus dem Schaubild G der Funktion g mit $g(x) = e^x$ hervorgeht.
 a) $f(x) = 2e^{x-1} + 3;\ x \in \mathbb{R}$
 b) $f(x) = -e^{2x};\ x \in \mathbb{R}$   4

3.5 In welchem Punkt hat das Schaubild der Funktion h mit $h(x) = x^4 - 6x^3 + 12x^2 - 8x;\ x \in \mathbb{R}$, einen Wendepunkt mit waagrechter Tangente (Sattelpunkt)? Geben Sie die Koordinaten dieses Punktes an.   4

3.6 Interpretieren Sie das Ergebnis von $\int_{-1}^{3} (-x+1)\,dx$. 3

3.7 Gegeben ist das Schaubild einer Funktion f mit dem Definitionsbereich [–3; 3]. Begründen Sie für jede der folgenden Behauptungen, ob sie wahr oder falsch ist.

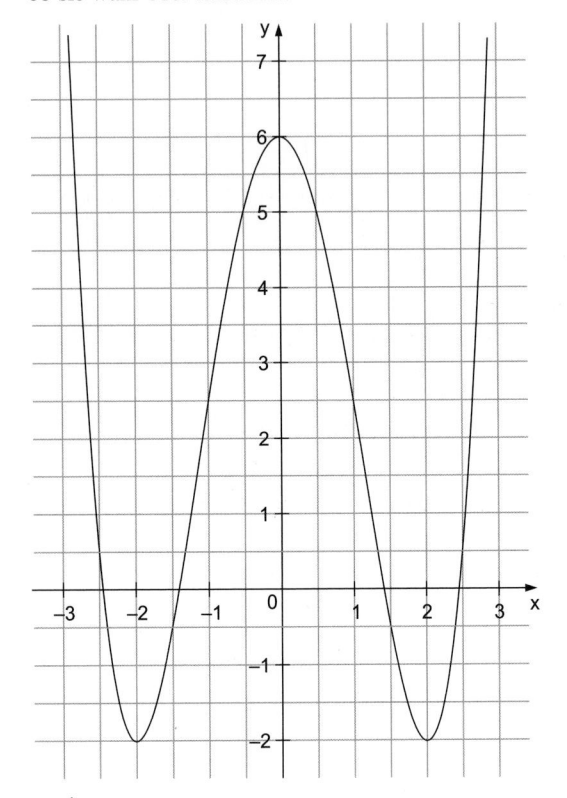

a) $\int_{-1}^{1} f(x)\,dx < 12$

b) $\int_{0}^{1} f'(x)\,dx > 0$

c) Jede Stammfunktion F von f hat genau drei Wendestellen.

d) Das Schaubild von f" hat drei einfache Nullstellen.

4
30

## Tipps und Hinweise

**Aufgabenteil 3.1**
- Der Wendepunkt liegt zwischen Hochpunkt und Tiefpunkt.
- Welche der beiden Nullstellen ist eine doppelte Nullstelle?
- Versuchen Sie einen Ansatz mithilfe der Nullstellen zu machen.
- $k(x) = a \cdot x \cdot (x-3)^2$
- Lesen Sie einen geeigneten Punkt aus dem Schaubild ab und machen Sie die Punktprobe.

**Aufgabenteil 3.2**
- Eine gemeinsame Tangente bedeutet, dass die Schaubilder an dieser Stelle die gleiche Steigung haben.
- Leiten Sie f(x) und g(x) jeweils einmal ab.
- Berechnen Sie f(0), g(0), f'(0) und g'(0).
- Formel für die Tangentengleichung: $y = m \cdot (x - x_p) + y_p$

**Aufgabenteil 3.3.1**
- Zeichnen Sie y = 1 (Waagrechte, Mittellinie) in das Schaubild ein.
- Amplitude ist „der Ausschlag des Schaubildes nach oben und unten".
- Fahren Sie mit dem Finger ab $x \approx -1{,}1$ das Schaubild nach. Ab welcher Stelle wiederholt sich das Schaubild?
- Verschieben Sie gedanklich das Schaubild um 2 LE nach links.

**Aufgabenteil 3.3.2**
- NEW-Verfahren: Ein Extremum bei f(x) ergibt eine einfache Nullstelle bei f'(x). Ein Wendepunkt von f(x) ergibt ein Extremum bei f'(x).

**Aufgabenteil 3.4**
- Betrachten Sie zum Beispiel die Funktion f mit $f(x) = x^2$. Wie verändert sich das Schaubild von f im Vergleich zu den Schaubildern der Funktionen g, h, u und v?
$g(x) = 2x^2$, $h(x) = (x-1)^2$, $u(x) = x^2 + 3$, $v(x) = -x^2$

**Aufgabenteil 3.5**
- Berechnung Wendepunkt: $h''(x) = 0$ und $h'''(x) \neq 0$

**Aufgabenteil 3.6**
- Zeichnen Sie eine Skizze von $f(x) = -x + 1$ für $-1 \leq x \leq 3$.
- Vergleichen Sie die Flächen oberhalb und unterhalb der x-Achse.

**Aufgabenteil 3.7**

*Aussage a*

✏ Zeichnen Sie über dem Intervall [−1; 1] ein Rechteck mit der Höhe 6.

*Aussage b*

✏ Geben Sie eine Stammfunktion von f'(x) an.

*Aussage c*

✏ NEW-Verfahren (siehe 3.3.2)

*Aussage d*

✏ NEW-Verfahren (siehe 3.3.2)

**Lösung**

3.1 Punkte aus dem Schaubild ablesen
Schnittpunkte mit der x-Achse $N_1(0|0)$ und $N_{2;3}(3|0)$;

Hochpunkt $H(1|2)$; Tiefpunkt $T(3|0)$; Wendepunkt $W(2|1)$

**Funktionsterm**
Ansatz aufgrund der abgelesenen Nullstellen:
$k(x) = a \cdot x \cdot (x-3)^2$
Einsetzen der Koordinaten von H ergibt:
$2 = a \cdot 1 \cdot (1-3)^2 \implies a = 0{,}5$
Der gesuchte Funktionsterm lautet:
$k(x) = 0{,}5x(x-3)^2$

3.2 Berechnung der 1. Ableitungen:
$f(x) = e^{2x} \implies f'(x) = 2e^{2x}$
$g(x) = 2e^x - 1 \implies g'(x) = 2e^x$
Überprüfung der Bedingungen $f(x_0) = g(x_0)$ und $f'(x_0) = g'(x_0)$:
$f(0) = 1; \; g(0) = 1$
$f'(0) = 2; \; g'(0) = 2$
Beide Schaubilder laufen durch den Punkt $B(0|1)$ und haben dort dieselbe Steigung $m = 2$ (Steigung der Tangente). Daher haben sie dort dieselbe Tangente.
Die Gleichung der Tangente lautet:
$y = 2x + 1$

Bedeutung: Die beiden Schaubilder berühren sich im Berührpunkt $B(0|1)$.

3.3.1 Amplitude $a = 2$; Periode $p = 2\pi$

Funktionsterm: $h(x) = 2\sin(x-2) + 1$

3.3.2 Das Schaubild der Ableitungsfunktion ist gestrichelt eingezeichnet.

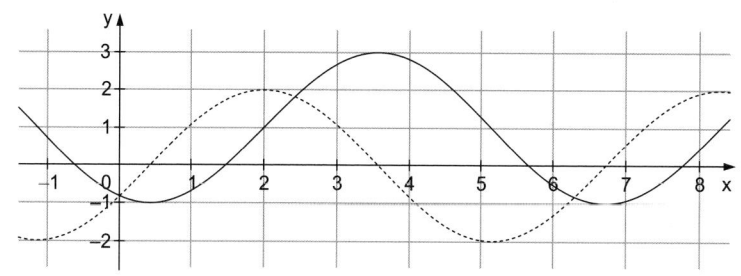

3.4. a) Das Schaubild G wird mit dem Faktor 2 in Richtung der y-Achse gestreckt. Dann wird das Schaubild um 1 LE nach rechts in Richtung der x-Achse verschoben. Anschließend wird das Schaubild um 3 LE nach oben in Richtung der y-Achse verschoben.

b) Das Schaubild G wird an der x-Achse gespiegelt. Dann wird es mit dem Faktor 0,5 in Richtung der x-Achse gestaucht.

3.5 Berechnung der ersten drei Ableitungen:
$h(x) = x^4 - 6x^3 + 12x^2 - 8x$
$h'(x) = 4x^3 - 18x^2 + 24x - 8$
$h''(x) = 12x^2 - 36x + 24$
$h'''(x) = 24x - 36$
Bedingung für Wendepunkte: $h''(x) = 0$ und $h'''(x) \neq 0$
$12x^2 - 36x + 24 = 0 \quad |:12$
$\quad x^2 - 3x + 2 = 0$
Berechnung der Lösungen mithilfe der p-q-Formel:
$x_1 = 1; x_2 = 2$
Berechnung der zugehörigen Steigungen:
$h'(1) = 2; h'(2) = 0$
Wegen $h'''(2) = 12$ ist also $W(2 \mid h(2))$ der gesuchte Wendepunkt.
Mit $h(2) = 0$ ergibt sich:
$\underline{\underline{W(2 \mid 0)}}$

3.6 Berechnung des Integrals mithilfe einer Stammfunktion:
$$\int_{-1}^{3} (-x+1)\, dx = \left[ -\frac{1}{2}x^2 + x \right]_{-1}^{3} = -\frac{9}{2} + 3 - \left( -\frac{1}{2} - 1 \right) = 0$$

Die Flächenbilanz ist also gleich null.

Das bedeutet:
Die Fläche oberhalb der x-Achse ist genau so groß wie die Fläche unterhalb der x-Achse (siehe nebenstehende Abbildung).

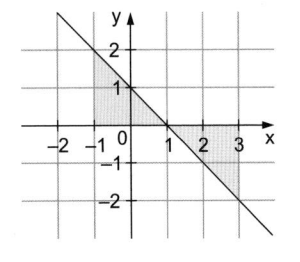

3.7 a) Die Behauptung ist **richtig**.

Die Fläche, die über dem Intervall [–1; 1] zwischen dem Schaubild und der x-Achse liegt, ist kleiner als die in der nebenstehenden Abbildung eingezeichnete Rechteckfläche mit einem Inhalt von 12 FE.

b) Die Behauptung ist **falsch**.

Das Schaubild von f' verläuft für $0 < x < 1$ unterhalb der x-Achse, da das Schaubild von f dort streng monoton fallend ist.

c) Die Behauptung ist **richtig**.

Das Schaubild von f hat drei Extremstellen ($x_1 = -2$; $x_2 = 0$; $x_3 = 2$). An diesen Stellen hat jede Stammfunktion F ihre Wendestellen.

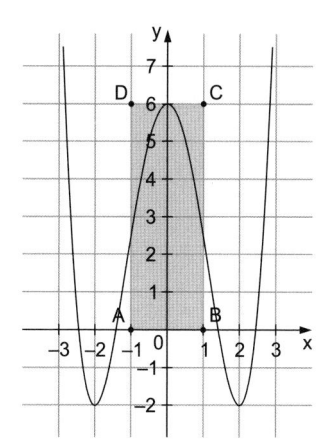

d) Die Behauptung ist **falsch**.

Das Schaubild von f hat zwei Wendestellen ($x_1 \approx -1$; $x_2 \approx 1$). Das Schaubild von f" hat somit nur zwei einfache Nullstellen.

## Fachhochschulreife Mathematik (Berufskolleg Baden-Württemberg)
## Pflichtteil – Übungsaufgabe 4

Punkte

**4.1** Bestimmen Sie f'(x), g'(x) und h'(x).
$f(x) = 2(x-1) \cdot (x+3); \quad g(x) = 2e^{3x} - 4; \quad h(x) = 0{,}5\sin(3x) + \pi$ — 3

**4.2** Die Funktion k erfüllt folgende Bedingungen:
k'(3) = 0
k(1) = 5
k''(5) = 0 und k'''(5) = 2
Welche Aussagen lassen sich damit über das Schaubild von k machen? — 3

**4.3** Die Abbildung zeigt das Schaubild der Funktion g im Intervall [−1; 6].
Zeichnen Sie ein Schaubild von g'(x) (Ableitungsfunktion) und markieren Sie die wichtigen Punkte (Nullstellen, Extrempunkte) in ihrem Schaubild.
Ermitteln Sie näherungsweise die Steigung, die das Schaubild von g an der Stelle x = 2,5 hat.
Berücksichtigen Sie diesen Wert bei Ihrer Zeichnung. — 4

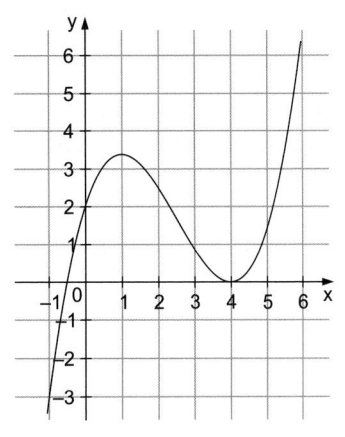

**4.4** Gegeben ist die Funktion f mit $f(x) = \frac{1}{8}x^3 - \frac{3}{4}x^2 + 4; \, x \in \mathbb{R}$.

**4.4.1** Berechnen Sie die Gleichung t(x) der Wendetangente (Tangente im Wendepunkt). — 4

**4.4.2** Schätzen Sie den Flächeninhalt der markierten Fläche.
Erläutern Sie in Fachsprache, wie man die markierte Fläche berechnen könnte. — 4

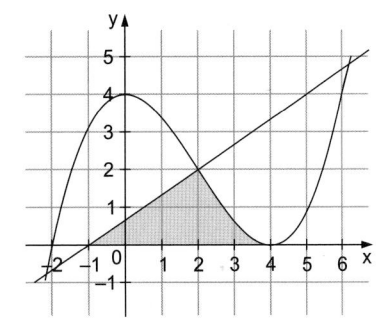

4.5  Es gilt:
$$\int_0^{\frac{\pi}{2}} \sin(x)\,dx = a; \quad a > 0$$

4.5.1 Erklären Sie diesen Sachverhalt anhand einer Skizze.  2

4.5.2 Bestimmen Sie ohne Verwendung einer Stammfunktion die Werte von
$$\int_0^{\pi} \sin(x)\,dx \quad \text{und} \quad \int_{-\frac{\pi}{2}}^{\frac{\pi}{2}} \sin(x)\,dx.$$  3

4.6  Gegeben ist folgendes lineares Gleichungssystem (LGS):
(1)  $2x_1 - 2x_2 + 4x_3 = 2$
(2)  $\phantom{2x_1} - 2x_2 + \phantom{4}x_3 = 4$
(3)  $\phantom{2x_1 - 2x_2 + 4}x_3 = 1$

4.6.1 Berechnen Sie die Lösung des LGS.  3

4.6.2 Berechnen Sie die Lösung des LGS, wenn man die Zeile (3) weglässt.
Geben Sie eine geometrische Interpretation ihrer Lösung an.  4

30

# Tipps und Hinweise

## Aufgabenteil 4.1
- Wichtig: Rechnen Sie zuerst die Klammern aus und leiten Sie dann ab.
- $g(x) = e^{kx}$; $g'(x) = k \cdot e^{kx}$
- $h(x) = \sin(kx)$; $h'(x) = k \cdot \cos(kx)$

## Aufgabenteil 4.2
- $k'(x)$ gibt die Steigung des Schaubilds von k bzw. die Steigung der Tangente an.
- Welche Schreibweisen gibt es für einen Punkt des Schaubildes von k?
- Wie berechnen Sie einen Wendepunkt von k?

## Aufgabenteil 4.3
- NEW-Verfahren: Ein Extremum bei f(x) ergibt eine einfache Nullstelle bei f'(x). Ein Wendepunkt von f(x) ergibt ein Extremum bei f'(x).
- Einfache Nullstellen bei $x_1 = 1$ und bei $x_2 = 4$.
- Schätzen Sie, wo der Wendepunkt bei dem Schaubild von g liegt.
- An dieser Stelle hat das Schaubild von g'(x) einen Extrempunkt.
- Zeichnen Sie an der Stelle $x = 2,5$ die Tangente an das Schaubild von g.
- Schätzen Sie die Steigung der Tangente.

## Aufgabenteil 4.4.1
- Berechnung Wendepunkt: $f''(x) = 0$ und $f'''(x) \neq 0$
- Die Steigung der Tangente berechnen Sie mit $f'(x)$.
- Für die Gleichung der Tangente benötigen Sie die Steigung m und einen Punkt.
- Formeln für die Geradengleichung: $y = mx + b$ oder $y = m(x - x_p) + y_p$

## Aufgabenteil 4.4.2
- Einen Schätzwert für die Fläche erhalten Sie, wenn Sie „Kästchen" zählen.
- Unterteilen Sie die Fläche in zwei Teilflächen.
- Benutzen Sie zur Berechnung diese Schreibweise: $\int_{?}^{?} f(x)\,dx$

## Aufgabenteil 4.5.1
- Zeichnen Sie ein Schaubild von $\sin(x)$ für $-\frac{\pi}{2} \leq x \leq \pi$.

## Aufgabenteil 4.5.2
- Benutzen Sie die Symmetrie.

**Aufgabenteil 4.6.1**
Das LGS ist schon in Stufenform. Sie können mit der Lösung beginnen.

**Aufgabenteil 4.6.2**
Sie können eine Variable $x_2$ oder $x_3$ frei wählen.

## Lösung

4.1 $f(x) = 2(x^2 + 3x - x - 3) \Rightarrow f(x) = 2x^2 + 4x - 6$
$\underline{\underline{f'(x) = 4x + 4}}$

$\underline{\underline{g'(x) = 6e^{3x}}}$

$\underline{\underline{h'(x) = 1{,}5\cos(3x)}}$

4.2 $k'(3) = 0$:
Das Schaubild hat an der Stelle $x = 3$ die Steigung null.
Alternativ: Das Schaubild hat an der Stelle $x = 3$ eine waagrechte Tangente.
$k(1) = 5$:
Das Schaubild geht durch den Punkt $P(1 \mid 5)$.
$k''(5) = 0$ und $k'''(5) = 2$:
Das Schaubild hat an der Stelle $x = 5$ eine Wendestelle, also den Wendepunkt $W(5 \mid k(5))$.

4.3 Das Schaubild der Ableitungsfunktion ist gestrichelt eingezeichnet.

Wichtige Punkte des Schaubilds der Ableitungsfunktion:
zwei einfache Nullstellen $x_1 = 1$ und $x_2 = 4$
Tiefpunkt bei $x \approx 2{,}5$

Steigung des Schaubilds von g bei $x = 2{,}5$:
$\underline{\underline{m \approx -1{,}7}}$

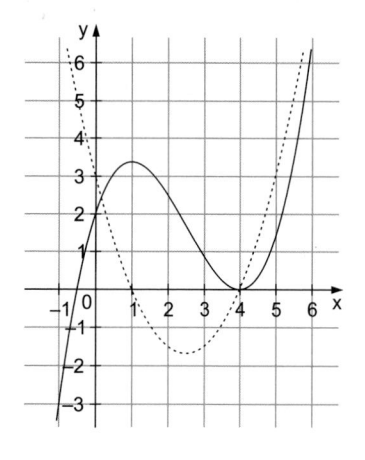

4.4.1 Berechnung der ersten drei Ableitungen:

$f(x) = \dfrac{1}{8}x^3 - \dfrac{3}{4}x^2 + 4$

$f'(x) = \dfrac{3}{8}x^2 - \dfrac{3}{2}x$

$f''(x) = \dfrac{3}{4}x - \dfrac{3}{2}$

$f'''(x) = \dfrac{3}{4}$

Bedingung für Wendepunkt: $f''(x)=0$ und $f'''(x) \neq 0$

$\frac{3}{4}x - \frac{3}{2} = 0 \Rightarrow x = 2;\ f'''(2) = 0{,}75 \Rightarrow W(2|f(2))$

$f(2) = \frac{1}{8} \cdot 2^3 - \frac{3}{4} \cdot 2^2 + 4 = 1 - 3 + 4 \Rightarrow W(2|2)$

Wendentangente: $m_t = f'(2) \Rightarrow m_t = \frac{3}{8} \cdot 2^2 - \frac{3}{2} \cdot 2 = -\frac{3}{2}$

$m_t = -\frac{3}{2};\ W(2|2);$ Punkt-Steigungs-Formel oder $y = mx + b$

$y = -\frac{3}{2}(x-2) + 2 \Rightarrow$ t: $\underline{\underline{y = -\frac{3}{2}x + 5}}$

**4.4.2** Kästchen zählen ergibt:
$\underline{\underline{A \approx 4\ FE}}$

Exakte Berechnung:
Bezeichnet man die Gerade mit g, so gilt:

$A = \int_{-1}^{2} g(x)\,dx + \int_{2}^{4} f(x)\,dx$

Alternativ kann man die Fläche in zwei Teile aufteilen:

$A = \frac{1}{2} \cdot 3 \cdot 2 + \int_{2}^{4} f(x)\,dx$ (Dreiecksfläche + Integral)

$= 3 + \int_{2}^{4} f(x)\,dx$

**4.5.1** Die Fläche zwischen dem Schaubild und der x-Achse befindet sich für $0 \leq x \leq \frac{\pi}{2}$ oberhalb der x-Achse. Die Gleichung ist also richtig.

**4.5.2** Aufgrund der Symmetrie gilt:

$\int_{0}^{\pi} \sin(x)\,dx = \underline{\underline{2a}}$ und

$\int_{-\frac{\pi}{2}}^{\frac{\pi}{2}} \sin(x)\,dx = \underline{\underline{0}}$

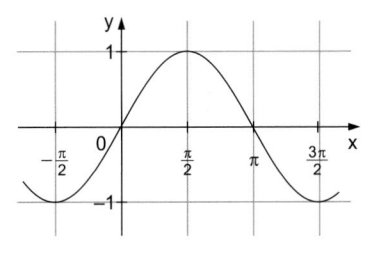

4.6.1 $x_3 = 1 \Rightarrow -2x_2 + 1 = 4 \Rightarrow x_2 = -1,5 \Rightarrow 2x_1 + 3 + 4 = 2 \Rightarrow x_1 = -2,5$

Die Lösung lautet also:
$\underline{\underline{x_1 = -2,5;\ x_2 = -1,5 \text{ und } x_3 = 1}}$

4.6.2 $x_3 = t;\ t \in \mathbb{R} \Rightarrow -2x_2 = 4 - t \Rightarrow x_2 = -2 + 0,5t$
$2x_1 - 2 \cdot (-2 + 0,5t) + 4t = 2 \Rightarrow x_1 = -1 - 1,5t$

Die Lösung lautet:
$\underline{\underline{x_1 = -1 - 1,5t;\ x_2 = -2 + 0,5t \text{ und } x_3 = t;\ t \in \mathbb{R}}}$

Die Lösung stellt eine Gerade im Raum dar.

## Fachhochschulreife Mathematik (Berufskolleg Baden-Württemberg)
## Wahlteil – Übungsaufgabe 1

**Punkte**

1.1 Bestimmen Sie einen passenden Funktionsterm für das Schaubild einer ganzrationalen Funktion vom Grad 3. Die Tangente an der Stelle $x=0$ ist als gestrichelte Linie gezeichnet.

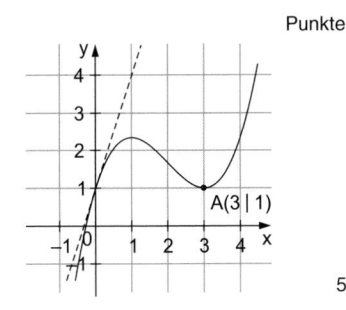

5

Gegeben ist die Funktion f mit $f(x) = \frac{1}{8} \cdot x \cdot (x-6)^2$; $x \in \mathbb{R}$.
Ihr Schaubild ist $K_f$.

1.2 Zeichnen Sie $K_f$ in ein geeignetes Koordinatensystem.
Das Schaubild $K_f$ und die x-Achse schließen eine Fläche ein. Berechnen Sie deren Inhalt.

6

1.3 Berechnen Sie den Wendepunkt von $K_f$. Die Gerade $g: y = \frac{2}{3}x - \frac{2}{3}$ unterteilt die Fläche aus 1.2 in zwei Teilflächen. Berechnen Sie das Verhältnis der beiden Teilflächen.

4

Die Wertetabelle gehört zu einer Funktion f mit $f(x) = a\sin(bx)$; $a, b, x \in \mathbb{R}$. Das Schaubild ist $K_f$.

| x | –1 | 0 | 1 | 2 | 3 | 4 | 5 |
|---|---|---|---|---|---|---|---|
| f(x) | –3 | 0 | | 0 | –3 | 0 | 3 |
| f'(x) | 0 | 1,5 | 0 | –1,5 | 0 | 1,5 | |
| f''(x) | 7,4 | 0 | –7,4 | | | 0 | |

1.4 Welche Aussagen können Sie mithilfe der Tabelle über Achsenschnittpunkte, Extrem- und Wendepunkte von $K_f$ machen?
Begründen Sie Ihre Aussagen.

4

1.5 Berechnen Sie die exakte Gleichung der Tangente an der Stelle $x=2$ von $K_f$.

2

1.6 Berechnen Sie mithilfe der Tabelle für $f(x) = a\sin(bx)$ die Variablen a und b.

3

Gegeben ist die Funktion h mit $h(x) = 2e^{-0,25x} + 4$; $x \in \mathbb{R}$.

1.7 Berechnen Sie die erste Ableitung $h'(x)$ und eine Stammfunktion $H(x)$ von h.

3

Die Funktion g mit dem Schaubild $K_g$ hat die Funktionsgleichung $g(x) = -0{,}5x^2 + 4{,}5$. Die Punkte $A(0|-1)$, $B(u|g(u))$ und C bilden ein gleichschenkliges Dreieck.

1.8 Für welches u mit $0 \leq u \leq 3$ hat das Dreieck den größten Flächeninhalt?

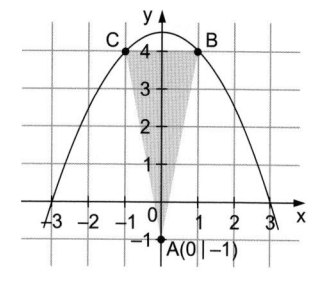

## Tipps und Hinweise

### Aufgabenteil 1.1
- Beachten Sie den Grad der Funktion f.
- Lesen Sie Punkte mit ganzzahligen Koordinaten ab.
- Welche Steigung hat die gestrichelte Gerade?

### Aufgabenteil 1.2
- Fertigen Sie mit ihrem WTR eine Wertetabelle an.
- Berechnen Sie die Nullstellen von $K_f$.

### Aufgabenteil 1.3
- Berechnen Sie den Wendepunkt von $K_f$ (siehe Merkhilfe).
- Warum müssen Sie nur den Inhalt einer der beiden Teilflächen ausrechnen?
- Eine Teilfläche können Sie in zwei einfacher zu berechnende Stücke aufteilen.

### Aufgabenteil 1.4
- Bei Extrempunkten ist die Steigung gleich 0 (notwendige Bedingung).
- Argumentieren Sie mit f''(x), ob ein Hochpunkt oder ein Tiefpunkt vorliegt.
- Argumentieren Sie bei dem Wendepunkt mit einem Vorzeichenwechsel von f''(x).

### Aufgabenteil 1.5
- Die Steigung der Tangente ist $m_t = -1{,}5$.
- Der Punkt hat die Koordinaten P(2|0).
- Siehe Merkhilfe: Punkt-Steigungs-Form

### Aufgabenteil 1.6
- Geben Sie den kleinsten und den größten y-Wert an (Amplitude).
- In welchem Intervall wiederholen sich die y-Werte (Periode)?

### Aufgabenteil 1.7
- Denken Sie an die Kettenregel.

### Aufgabenteil 1.8
- Wählen Sie u = 1.
- Zeichnen Sie B(1 | g(1)) ein.
- Der Flächeninhalt eines Dreiecks berechnet sich nach der Formel: $A = \frac{1}{2} \cdot a \cdot h_a$

# Lösung

**1.1** Abgelesen aus dem Schaubild:
Tiefpunkt T(3|1); Schnittpunkt mit der y-Achse P(0|1);
Steigung der eingezeichneten Tangente $m_t = 3$

Allgemeiner Ansatz:
$f(x) = ax^3 + bx^2 + cx + d;\quad f'(x) = 3ax^2 + 2bx + c$

Man braucht insgesamt vier Gleichungen:

$f(3) = 1$: $\quad 27a + 9b + 3c + d = 1 \quad$ Punkt T
$f'(3) = 0$: $\quad 27a + 6b + c \phantom{ + d} = 0 \quad$ waagrechte Tangente in T
$f(0) = 1$: $\quad \phantom{27a + 6b + c\ } d = 1 \quad$ Schnittpunkt mit der y-Achse
$f'(0) = 3$: $\quad \phantom{27a + 6b +\ } c = 3 \quad$ Steigung der Tangente

Einsetzen von d = 1 und c = 3 in die ersten beiden Gleichungen ergibt:
$27a + 9b = -9 \quad | \; (-1)$
$\underline{27a + 6b = -3 \quad +}$
$\phantom{27a + }-3b = 6 \quad \Rightarrow b = -2; \; \Rightarrow a = \dfrac{1}{3}$

Der gesuchte Funktionsterm lautet:
$$\underline{\underline{f(x) = \frac{1}{3}x^3 - 2x^2 + 3x + 1}}$$

**1.2 Zeichnung**

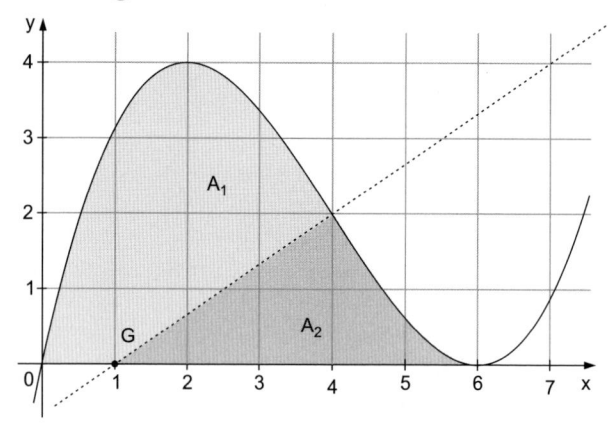

**Flächeninhalt**
Integrationsgrenzen (Nullstellen): $x_1 = 0$ und $x_{2,3} = 6$

$$\int_0^6 \left(\frac{1}{8}x^3 - \frac{3}{2}x^2 + \frac{9}{2}x\right)dx = -\left[\frac{1}{32}x^4 - \frac{1}{2}x^3 + \frac{9}{4}x^2\right]_0^6 = \frac{27}{2} - 0 = \underline{\underline{13{,}5}}$$

1.3 Berechnung der ersten drei Ableitungen:

$$f(x) = \frac{1}{8}x^3 - \frac{3}{2}x^2 + \frac{9}{2}x$$

$$f'(x) = \frac{3}{8}x^2 - 3x + \frac{9}{2}$$

$$f''(x) = \frac{3}{4}x - 3$$

$$f'''(x) = \frac{3}{4}$$

Bedingung für Wendepunkt: $f''(x) = 0$ und $f'''(x) \neq 0$

$\frac{3}{4}x - 3 = 0 \Rightarrow x = 4;\ f'''(4) = \frac{3}{4} \neq 0;\ f(4) = 2 \Rightarrow$ $\underline{\underline{W(4\,|\,2)}}$

Gleichung der Geraden:

g: $y = \frac{2}{3}x - \frac{2}{3}$

Berechnung der Fläche $A_2$ (siehe Abbildung auf der vorhergehenden Seite):
Diese Fläche besteht aus einem Dreieck (über dem Intervall [1; 4]) mit dem Inhalt $A_D = 0{,}5 \cdot 3 \cdot 2 = 3$ FE und einem „Rest" mit dem Inhalt:

$$\int_4^6 \left(\frac{1}{8}x^3 - \frac{3}{2}x^2 + \frac{9}{2}x\right) dx = -\left[\frac{1}{32}x^4 - \frac{1}{2}x^3 + \frac{9}{4}x^2\right]_4^6 = \frac{27}{2} - 12 = \frac{3}{2}$$

Für die beiden Flächen $A_1$ und $A_2$ ergibt sich (mithilfe von 1.2):
$A_2 = 3 + 1{,}5 = 4{,}5$ FE; $A_1 = 13{,}5 - 4{,}5 = 9$ FE

Das gesuchte Verhältnis beträgt also:

$\underline{\underline{A_1 : A_2 = 2 : 1}}$

1.4 **Achsenschnittpunkte**
$N_1(0\,|\,0);\ N_2(2\,|\,0);\ N_3(4\,|\,0)$

Die Aussagen über Extrem- und Wendepunkte nutzen aus, dass es sich um eine trigonometrische Funktion handelt. Deren Schaubilder haben insbesondere bei Nullstellen der zweiten Ableitung stets einen Wendepunkt. Dieser liegt stets in der Mitte zwischen aufeinanderfolgenden Extrempunkten.

**Extrempunkte**
$T_1(-1\,|\,-3)$, denn: $f'(-1) = 0$ und $f''(-1) > 0$
$H_1(1\,|\,f(1))$, denn: $f'(1) = 0$ und $f''(1) < 0$
$T_2(3\,|\,-3)$, denn: $f'(3) = 0$ und Vorzeichenwechsel von − nach + bei f'

**Wendepunkte**
$W_1(0\,|\,0)$, denn: $f''(0) = 0$ und Vorzeichenwechsel bei f''

1.5  Berührpunkt P(2|0); Steigung $m_t = f'(2) = -1{,}5$
Punkt-Steigungs-Form $f(x) = m(x - x_P) + y_P$  (siehe Merkhilfe)
$y = -1{,}5 \cdot (x - 2) \;\Rightarrow\; \underline{\underline{y = -1{,}5x + 3}}$

1.6  Amplitude:
$\underline{\underline{a = 3}}$

Die Periode ist $p = 4$. Berechnung von b mit der Formel $p = \frac{2\pi}{b}$:
$4 = \frac{2\pi}{b} \;\Rightarrow\; \underline{\underline{b = \frac{\pi}{2}}}$

1.7  Berechnung der 1. Ableitung mit der Kettenregel:
$\underline{\underline{h'(x) = -0{,}5 e^{-0{,}25x}}}$

Eine Stammfunktion erhält man mit der Formel von der Merkhilfe:
$\underline{\underline{H(x) = -8 e^{-0{,}25x} + 4x}}$

1.8  Die Grundseite des Dreiecks mit den Punkten B und C hat die Länge 2u, die zugehörige Höhe die Länge $g(u) - (-1)$. Daher gilt für den Flächeninhalt des Dreiecks in Abhängigkeit von u:
$A(u) = 0{,}5 \cdot 2u \cdot (g(u) + 1) = u \cdot (-0{,}5u^2 + 4{,}5 + 1) = -0{,}5u^3 + 5{,}5u$
Berechnung der ersten beiden Ableitungen:
$A'(u) = -1{,}5u^2 + 5{,}5; \quad A''(u) = -3u$

Bedingung für relatives Maximum: $A'(u) = 0$ und $A''(u) < 0$
$1{,}5u^2 = 5{,}5 \;\Rightarrow\; u^2 = \frac{11}{3} \;\Rightarrow\; u = \sqrt{\frac{11}{3}} \approx 1{,}9149; \quad A''\left(\sqrt{\frac{11}{3}}\right) = -3\sqrt{\frac{11}{3}} < 0$

Ein relatives Maximum liegt für $u = \sqrt{\frac{11}{3}}$ vor:
$A\left(\sqrt{\frac{11}{3}}\right) = \frac{11}{3}\sqrt{\frac{11}{3}} \approx 7{,}02$

Betrachtung der Randwerte:
$A(0) = 0; \quad A(3) = 3$
Das absolute Maximum liegt bei $\underline{\underline{u \approx 1{,}915}}$.

## Fachhochschulreife Mathematik (Berufskolleg Baden-Württemberg)
### Wahlteil – Übungsaufgabe 2

Punkte

**2.1** Die Gesamtkosten K und der Erlös E (Umsatz) eines Betriebes für die Produktion von x Mengeneinheiten (ME) werden beschrieben durch $K(x) = 0{,}25x^3 - 5x^2 + 40x + 200$ und $E(x) = 44x$; $K(x)$ und $E(x)$ in Geldeinheiten (GE).

**2.1.1** Zeichnen Sie die Schaubilder in ein geeignetes Koordinatensystem ein. Lesen Sie in ihrem Schaubild ab, in welchem Intervall der Betrieb Gewinn macht. — 5

**2.1.2** Prüfen Sie rechnerisch, ob der Betrieb bei einer Produktion von 7 ME einen Gewinn erzielt. Bestimmen Sie den maximalen Gewinn des Betriebes. — 4

**2.1.3** Bei welcher Ausbringungsmenge ist der Kostenzuwachs am geringsten? — 4

**2.1.4** Wie groß ist die durchschnittliche Zunahme der Kosten je ME, wenn die Produktion von 8 auf 15 ME erhöht wird? — 3

**2.2** Gegeben ist die Funktion f mit $f(x) = -x^4 + 6x^2 - 5$; $x \in \mathbb{R}$ und ein Wendepunkt $W(1|0)$ von $K_f$.
$K_f$, die Wendetangente in W und die y-Achse schließen eine Fläche ein. Berechnen Sie den Inhalt dieser Fläche. — 5

**2.3** Gegeben sind die Funktionen g und h mit
$g(x) = 0{,}5e^{2x} - 3$; $h(x) = 3 - 0{,}5e^{2x}$; $x \in \mathbb{R}$.

**2.3.1** Berechnen Sie die exakten Koordinaten des Schnittpunktes S von $K_g$ und $K_h$. — 3

**2.3.2** Der Schnittpunkt S und die Schnittpunkte der beiden Schaubilder mit der y-Achse bilden ein Dreieck. Berechnen Sie den Inhalt des Dreiecks. — 2

**2.4** Gegeben ist die Funktion f mit $f(x) = 0{,}5\sin(3x)$.
Beschreiben Sie die Eigenschaften der Funktion f und ihres Schaubildes $K_f$ (Amplitude, Periode, Wertebereich, Symmetrie).
Berechnen Sie die exakten Koordinaten von zwei Schnittpunkten von $K_f$ mit der x-Achse. — 4

30

# Tipps und Hinweise

**Aufgabenteil 2.1.1**
- Fertigen Sie zuerst eine Wertetabelle von K(x) an.
- Planen Sie die Einheiten der x- und y-Achse.
- Wenn der Erlös größer ist als die Kosten, macht der Betrieb …?
- In welchem Bereich verläuft die Gerade oberhalb der Kostenfunktion?

**Aufgabenteil 2.1.2**
- Der Gewinn ist der Erlös minus die Kosten.
- $G(7) = ?$
- Wie rechnen Sie einen Hochpunkt der Gewinnkurve aus?
- Vergessen Sie nicht, den maximalen Gewinn anzugeben.

**Aufgabenteil 2.1.3**
- Welche Bedeutung hat das Wort „Kostenzuwachs"?
- Welche Bedeutung hat die momentane Änderungsrate der Kosten?
- Berechnen Sie den Tiefpunkt von $K'(x)$.
- Vergessen Sie nicht, einen Antwortsatz zu schreiben.

**Aufgabenteil 2.1.4**
- Was ist der Unterschied zwischen durchschnittlicher und momentaner Änderungsrate (siehe Merkhilfe)?
- Welche Bedeutung hat die Steigung der Sekante?

**Aufgabenteil 2.2**
- Berechnen Sie die Gleichung der Wendetangente.
- Verschaffen Sie sich einen Überblick mit einer Skizze. Der Bereich in der Nähe der y-Achse sollte gut sichtbar sein.
- Die Fläche befindet sich zwischen zwei Schaubildern.

**Aufgabenteil 2.3.1**
- Ansatz: $g(x) = h(x)$
- Versuchen Sie, die Gleichung zu vereinfachen (zusammenfassen).
- Bei einer Gleichung darf man beide Seiten logarithmieren (sofern sie positiv sind).

**Aufgabenteil 2.3.2**
- Berechnen Sie die Schnittpunkte mit der y-Achse.
- Fertigen Sie eine Skizze an.
- Wie lautet die Formel für den Flächeninhalt eines Dreiecks?

**Aufgabenteil 2.4**
- Die Amplitude könnte man anschaulich mit dem „Ausschlag" des Schaubildes beschreiben.
- Periode: In welchem Bereich wiederholt sich das Schaubild?
- Wertebereich: Welches ist der größte und der kleinste y-Wert?
- Symmetrie: Sie haben zwei verschiedene Symmetrien kennengelernt: „Punktsymmetrie zum Ursprung" und „Symmetrie zur y-Achse"
- Welche Nullstellen hat das Schaubild von $f(x) = \sin(x)$?

## Lösung

2.1.1 Das Intervall, in dem die Erlösfunktion oberhalb der Kostenfunktion verläuft, kann in der Zeichnung näherungsweise abgelesen werden:
$7,3 < x < 18,5$

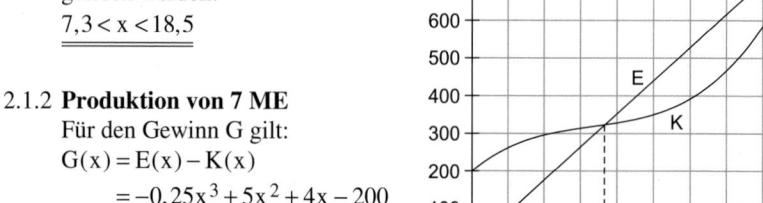

2.1.2 **Produktion von 7 ME**
Für den Gewinn G gilt:
$G(x) = E(x) - K(x)$
$= -0,25x^3 + 5x^2 + 4x - 200$

Mit dem WTR:
$G(7) = -12,75$

Der Betrieb macht bei einer Produktion von 7 ME einen Verlust von 12,75 GE.

**Maximaler Gewinn**
Berechnung der ersten beiden Ableitungen:
$G'(x) = -0,75x^2 + 10x + 4;\ G''(x) = -1,5x + 10$
Bedingung für Maximum: $G'(x) = 0$ und $G''(x) < 0$
$-0,75x^2 + 10x + 4 = 0 \quad |:(-0,75)$
$$x^2 - \frac{40}{3}x - \frac{16}{3} = 0$$
Berechnung der Lösungen mithilfe der p-q-Formel:
$$x_{1/2} = \frac{20}{3} \pm \sqrt{\frac{400}{9} + \frac{16}{3}} = \frac{20 \pm 8\sqrt{7}}{3} \quad \Rightarrow \quad x_1 \approx 13,72,\ x_2 \approx -0,39$$
$G''(x_1) \approx -10,58 < 0$

Absolutes Maximum bei $x \approx 13,72$ mit: $G(13,72) \approx 150,4$
Der maximale Gewinn beträgt ca. 150,4 GE.

2.1.3 Berechnung der ersten drei Ableitungen von K(x):
$K'(x) = 0,75x^2 - 10x + 40;\ K''(x) = 1,5x - 10;\ K'''(x) = 1,5$
Bedingung für Minimum von K': $K''(x) = 0$ und $K'''(x) > 0$
$1,5x - 10 = 0 \quad \Rightarrow \quad x = \frac{20}{3} \approx 6,67;\ K'''\left(\frac{20}{3}\right) = 1,5 > 0$

Bei einer Ausbringungsmenge von ca. 6,67 ME ist der Kostenzuwachs am geringsten.

2.1.4 Mit dem WTR (Wertetabelle):
K(8) = 328 und K(15) = 518,75
Zunahme:
$$\frac{K(15) - K(8)}{15 - 8} = \frac{190{,}75}{7} = 27{,}25$$
Die durchschnittliche Zunahme der Kosten im Intervall [8; 15] beträgt 27,25 GE je ME.

2.2 Gleichung der Wendetangente:
$f'(x) = -4x^3 + 12x$; $f'(1) = 8 \Rightarrow m_t = 8$; $W(1|0)$
Punkt-Steigungs-Formel: $y = m \cdot (x - x_p) + y_p$
t: $y = 8 \cdot (x - 1) + 0 = 8x - 8$
Berechnung des Flächeninhalts:
$$A = \int_0^1 (f(x) - t(x))\,dx = \int_0^1 (-x^4 + 6x^2 - 8x + 3)\,dx$$
$$= \left[-\frac{1}{5}x^5 + 2x^3 - 4x^2 + 3x\right]_0^1 = -\frac{1}{5} + 2 - 4 + 3 = \frac{4}{5}$$
Der Inhalt der Fläche beträgt 0,8 FE.

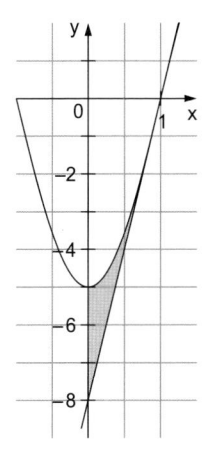

2.3.1 Zu lösen ist die Gleichung: $g(x) = h(x)$
$0{,}5e^{2x} - 3 = 3 - 0{,}5e^{2x} \Rightarrow e^{2x} = 6 \Rightarrow 2x = \ln(6) \Rightarrow x = 0{,}5\ln(6)$
Mit dem WTR:
$g(0{,}5\ln(6)) = 0$

Der Schnittpunkt S hat die Koordinaten:
$S(0{,}5\ln(6)\,|\,0)$

2.3.2 Schnittpunkte mit der y-Achse:
$S_g(0|-2{,}5)$; $S_h(0|2{,}5)$

Dreiecksfläche:
$$A = 0{,}5 \cdot 5 \cdot 0{,}5\ln(6) = \frac{5}{4}\ln(6) \approx 2{,}24$$

Der Flächeninhalt des Dreiecks beträgt ca. 2,24 FE.

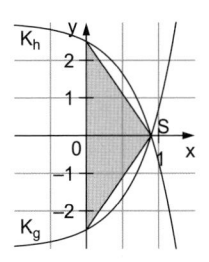

## 2.4 Eigenschaften

Amplitude: $a = 0{,}5$

Periode: $p = \dfrac{2\pi}{3}$

Wertebereich: $[-0{,}5;\ 0{,}5]$

Symmetrie: Das Schaubild ist punktsymmetrisch zum Ursprung.

**Schnittpunkte mit der x-Achse**

Gesucht sind zwei Lösungen der Gleichung $f(x) = 0$:

$0{,}5 \sin(3x) = 0 \iff \sin(3x) = 0$

Die Substitution $3x = z$ führt auf die Gleichung $\sin(z) = 0$. Diese hat z. B. die Lösungen $z_1 = 0$ und $z_2 = \pi$.

Rücksubstitution: $x = \dfrac{z}{3}$

$z_1 = 0 \;\Rightarrow\; x_1 = 0$

$z_2 = \pi \;\Rightarrow\; x_2 = \dfrac{\pi}{3}$

Die Koordinaten zweier Schnittpunkte mit der x-Achse lauten:

$\underline{\underline{N_1(0\,|\,0);\ N_2\!\left(\dfrac{\pi}{3}\,\Big|\,0\right)}}$

## Fachhochschulreife Mathematik (Berufskolleg Baden-Württemberg)
## Wahlteil – Übungsaufgabe 3

**Punkte**

3.1 Gegeben ist folgendes Gleichungssystem:
$$x_1 + x_2 = 7{,}2$$
$$3x_1 + x_2 = 11{,}6$$
Bestimmen Sie den Lösungsvektor. **4**

3.2 Die Summe dreier positiver natürlicher Zahlen ist 7.
Die zweite Zahl ist das Doppelte der dritten Zahl.
Berechnen Sie mithilfe eines linearen Gleichungssystems alle Lösungen. **5**

3.3 Gegeben sei die Funktion f mit
$$f(x) = -e^{\frac{1}{3}x} + 2x; \; x \in \mathbb{R}.$$
Ihr Schaubild sei $K_f$.

3.3.1 Skalieren Sie die Achsen. **2**

3.3.2 Berechnen Sie den Schnittpunkt von $K_f$ mit der y-Achse.
Berechnen Sie die exakten Koordinaten des Hochpunktes von $K_f$.

Schätzen Sie (keine Rechnung) den Wert des Integrals
$$\int_2^5 f(x)\,dx \text{ ab.}$$
**8**

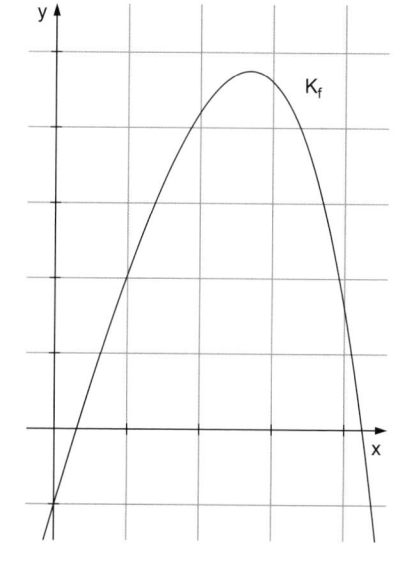

3.3.3 Die Gerade mit der Gleichung $x = u$ schneidet für $1 \leq u < 6$ das Schaubild $K_f$ im Punkt A und die x-Achse im Punkt B.
Die Punkte A, B und $C(6|0)$ sind die Eckpunkte des Dreiecks ABC.

(1) Begründen Sie, dass man mithilfe des Terms
$$\tfrac{1}{2} \cdot (6-u) \cdot (-e^{\frac{1}{3}u} + 2u)$$
das Dreieck mit maximalem Flächeninhalt bestimmen kann.

(2) Bestimmen Sie auf **zwei** Dezimalstellen genau den maximalen Inhalt der Fläche, die das Dreiecks ABC annehmen kann. **5**

3.4 Gegeben sei die Funktion h mit $h(x) = 5\sin(kx) + 5$. Ihr Schaubild ist $K_h$. Zeigen Sie, dass für $k = \frac{3\pi}{4}$ das Schaubild von $K_h$ die x-Achse an der Stelle $x = 2$ berührt.

Berechnen Sie $\int_0^2 \left(5\sin\left(\frac{3\pi}{4} \cdot x\right) + 5\right) dx$ und interpretieren Sie das Ergebnis geometrisch.

6

30

# Tipps und Hinweise

## Aufgabenteil 3.1
*Lineares Gleichungssystem*
- Bringen Sie (zum Beispiel) das lineare Gleichungssystem in Dreiecksform.

## Aufgabenteil 3.2
*Lineares Gleichungssystem*
- Stellen Sie die zwei Gleichungen mit drei Unbekannten auf.
- Beachten Sie: Alle drei gesuchten natürlichen Zahlen sind positiv.

## Aufgabenteil 3.3.1
*Skalierung der Achsen*
- Bestimmen Sie mit dem WTR zum Beispiel f(0) und f(2) und f(4).

## Aufgabenteil 3.3.2
*Schnittpunkt mit der y-Achse*
- Beachten Sie $S_y(0 \mid f(0))$.

*Hochpunkt*
- Bilden Sie die 1. Ableitung.
- Beachten Sie: Im Hochpunkt liegt eine waagrechte Tangente vor, es gilt also $f'(x) = 0$.

*Abschätzen des Integrals*
- Zählen Sie die ungefähre Anzahl der Kästchen ab.
- Welchen Flächeninhalt hat ein Kästchen?

## Aufgabenteil 3.3.3
*Herleitung der Flächenformel*
- Fertigen Sie eine Skizze mit den Dreieckspunkten A, B und C an.
- Beachten Sie: $A_{Dreieck} = \frac{1}{2}$ Grundseite $\cdot$ Höhe
- Drücken Sie die Grundseite und die Höhe in Abhängigkeit von u aus.

*Maximaler Flächeninhalt des Dreiecks*
- Bestimmen Sie mit dem Taschenrechner die größtmögliche Fläche.

## Aufgabenteil 3.4
- Setzen Sie $k = \frac{3\pi}{4}$ in die Funktionsgleichung ein.

*Berühren der x-Achse bei $x = 2$*
- Berühren der x-Achse bei $x = 2$ heißt: Der Berührpunkt $B(2 \mid 0)$ des Schaubildes ist ein Extrempunkt.

*Berechnung des Integrals*

- Berechnen Sie, zum Beispiel, mithilfe der Stammfunktion und dem Taschenrechner den Wert des Integrals.

*Geometrische Interpretation*

- Mithilfe des Integrals kann man eine Fläche bestimmen.
- Veranschaulichen Sie sich die Fläche an einer Skizze.

# Lösung

## 3.1 Lösen des linearen Gleichungssystems

$$\begin{array}{l} x_1 + x_2 = 7{,}2 \quad |\cdot(-1) \\ 3x_1 + x_2 = 11{,}6 \quad \lrcorner \end{array} \Rightarrow \begin{array}{l} x_1 + x_2 = 7{,}2 \\ 2x_1 \phantom{+ x_2} = 4{,}4 \end{array}$$

Aus der zweiten Gleichung folgt: $x_1 = 2{,}2$
Eingesetzt in die erste Gleichung: $x_2 = 5$

Ergebnis: Lösungsvektor $\vec{x} = \begin{pmatrix} 2{,}2 \\ 5 \end{pmatrix}$

## 3.2 Aufstellen des linearen Gleichungssystems (LGS)

Die gesuchten natürlichen Zahlen sind $n_1$, $n_2$ und $n_3$.
Man hat zwei Gleichungen mit drei Unbekannten:

$$\begin{array}{l} n_1 + n_2 + n_3 = 7 \\ \phantom{n_1 +} n_2 \phantom{+ n_3} = 2n_3 \end{array} \Rightarrow \begin{array}{l} n_1 + n_2 + n_3 = 7 \\ \phantom{n_1 +} n_2 - 2n_3 = 0 \end{array}$$

### Bestimmung des allgemeinen Lösungsvektors

Dieses LGS ist unterbestimmt und somit nicht eindeutig lösbar (es ist insbesondere nicht unlösbar).

Eine Variable (zum Beispiel $n_3$) ist frei wählbar: $n_3 = r$

Aus der zweiten Gleichung folgt somit $n_2 = 2r$.

Eingesetzt in die erste Gleichung:
$n_1 + 2r + r = 7 \Rightarrow n_1 = 7 - 3r$

Lösungsvektor $\vec{n} = \begin{pmatrix} n_1 \\ n_2 \\ n_3 \end{pmatrix} = \begin{pmatrix} 7 - 3r \\ 2r \\ r \end{pmatrix}$

### Alle möglichen Lösungen

Alle drei Komponenten müssen natürliche Zahlen sein, die größer als 0 sind.
Daher folgt aus der ersten Komponente: $n_1 = 7 - 3r > 0 \Rightarrow r = 1$ oder $r = 2$

1. Lösung: $r = 1 \Rightarrow \underline{\underline{n_1 = 4; n_2 = 2; n_3 = 1}}$

2. Lösung: $r = 2 \Rightarrow \underline{\underline{n_1 = 1; n_2 = 4; n_3 = 2}}$

## 3.3.1 Skalierung der Achsen

Funktionswerte:

$f(0) = -1 \Rightarrow S_y(0|-1)$

$f(2) \approx 2{,}1 \Rightarrow P(2|2{,}1)$

$f(4) \approx 4{,}2 \Rightarrow Q(4|4{,}2)$

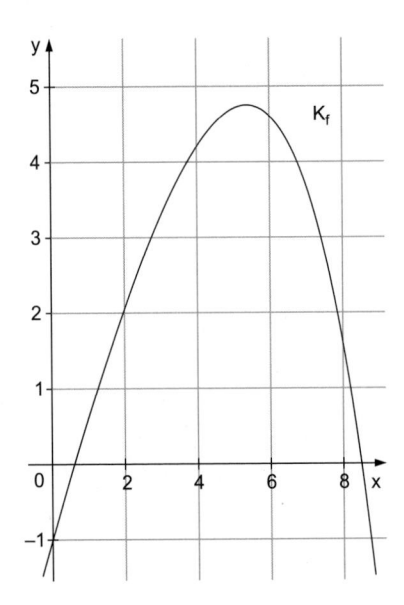

### 3.3.2 Schnittpunkt mit der y-Achse

Für den Schnittpunkt der Kurve mit der y-Achse gilt: $x = 0$

$f(0) = -1$

Der Schnittpunkt mit der y-Achse ist $\underline{\underline{S_y(0|-1)}}$ (siehe auch 3.3.1).

### Exakte Koordinaten des Hochpunktes

Funktionsgleichung:

$$f(x) = -e^{\frac{1}{3}x} + 2x$$

Ableitungen:

$$f'(x) = -\frac{1}{3}e^{\frac{1}{3}x} + 2$$

$$f''(x) = -\frac{1}{9}\underbrace{e^{\frac{1}{3}x}}_{>0} < 0 \text{ für alle } x \in \mathbb{R}$$

Berechnung des Punktes mit Steigung 0: $f'(x) = 0$

$$-\frac{1}{3}e^{\frac{1}{3}x} + 2 = 0 \;\Rightarrow\; e^{\frac{1}{3}x} - 6 = 0 \;\Rightarrow\; e^{\frac{1}{3}x} = 6 \;\Rightarrow\; \frac{1}{3}x = \ln(6) \;\Rightarrow\; x = 3\ln(6)$$

Mit $f''(x) < 0$ (siehe oben) und

$$f(3\ln(6)) = -e^{\frac{1}{3} \cdot 3\ln(6)} + 2 \cdot (3\ln(6)) = \underbrace{-e^{\ln(6)}}_{-6} + 6\ln(6)$$

folgt:

$\underline{\underline{H(3\ln(6)\,|\,6\ln(6)-6) \approx H(5{,}38\,|\,4{,}75)}}$

**Schätzen des Integralwertes**
Die Fläche beträgt ungefähr 5,5 Kästchen (siehe Abbildung). Jedes Kästchen hat den Flächeninhalt 2.

Ergebnis: Der Wert des Integrals ist ca. $5,5 \cdot 2 = \underline{\underline{11}}$.

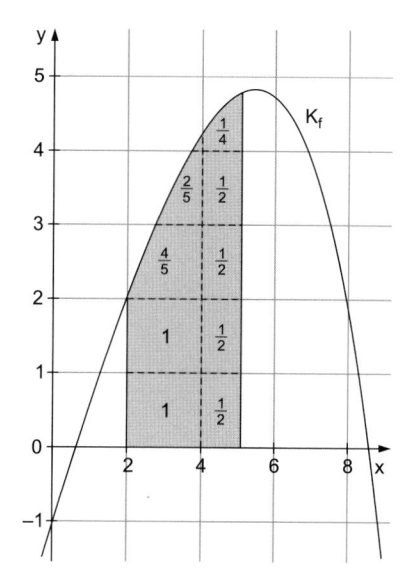

### 3.3.3 Flächenberechnung in Abhängigkeit von u

$A_{Dreieck} = \dfrac{1}{2} g \cdot h$

Länge g des Dreiecks:
$g = 6 - u$

Höhe h des Dreiecks:
$h = f(u) = -e^{\frac{1}{3}u} + 2u$

Ergebnis:

$A(u) = \dfrac{1}{2} \cdot (6-u) \cdot (-e^{\frac{1}{3}u} + 2u)$

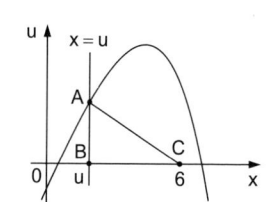

**Für welches u ist die Fläche des Dreiecks maximal?**
Die Funktion A mit

$A(u) = \dfrac{1}{2} \cdot (6-u) \cdot (-e^{\frac{1}{3}u} + 2u)$

wird in den WTR eingegeben, um eine Wertetabelle zu erzeugen.

Mit dem Startwert 1 und der Schrittweite 0,1 ergibt sich:

| u | 2,9 | 3 | 3,1 |
|---|---|---|---|
| A(u) | 4,91 | 4,92 | 4,91 |

Ergebnis: Der maximale Flächeninhalt beträgt ca. $\underline{\underline{4,92 \text{ FE}}}$.

3.4 Mit $k = \frac{3\pi}{4}$ folgt:

Funktionsgleichung: $h(x) = 5 \cdot \sin\left(\frac{3\pi}{4} \cdot x\right) + 5$

Ableitung: $h'(x) = \frac{15\pi}{4} \cdot \cos\left(\frac{3\pi}{4} \cdot x\right)$

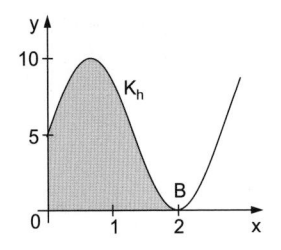

**Nachweis der Berührung**
Berührt die x-Achse in $x = 2$ bedeutet (siehe Skizze):
Der Berührpunkt $B(2|0)$ liegt auf der x-Achse (Bedingung 1) und ist zusätzlich ein Extrempunkt (Bedingung 2).

(1) $h(2) = 5 \cdot \underbrace{\sin\left(\frac{6\pi}{4}\right)}_{=-1} + 5 = 0$

Somit liegt der Punkt B auf der x-Achse.

(2) $h'(2) = \frac{15\pi}{4} \cdot \underbrace{\cos\left(\frac{6\pi}{4}\right)}_{=0} = 0$

Somit ist die Steigung in B gleich 0.

**Berechnung des Integrals**
Funktionsgleichung:

$h(x) = 5 \cdot \sin\left(\frac{3\pi}{4} \cdot x\right) + 5$

Stammfunktion:

$H(x) = -\frac{20}{3\pi} \cdot \cos\left(\frac{3\pi}{4} \cdot x\right) + 5x$

Berechnung des Integrals (mit dem WTR):

$\int_0^2 h(x)\,dx = \underbrace{H(2)}_{=10} - \underbrace{H(0)}_{\approx -2{,}12} \approx \underline{\underline{12{,}12}}$

**Geometrische Deutung**
Der Inhalt der Fläche, die von der Kurve von h und den beiden Koordinatenachsen eingeschlossen wird, beträgt ca. 12,12 (siehe Skizze).

**Fachhochschulreife Mathematik (Berufskolleg Baden-Württemberg)**
**Wahlteil – Übungsaufgabe 4**

Punkte

4   Ein gesunder Erwachsener atmet in Ruhe 15-mal in der Minute.
    Bei jedem einzelnen Atemzug atmet er 0,5 Liter Luft ein und 0,5 Liter Luft aus.
    Zum Zeitpunkt t = 0 beginnt das Einatmen.
    Die Abbildung zeigt zwei komplette Atemzüge.
    Hierbei ist E das Volumen der eingeatmeten Luft (in Liter) und t die Zeit (in Sekunden).

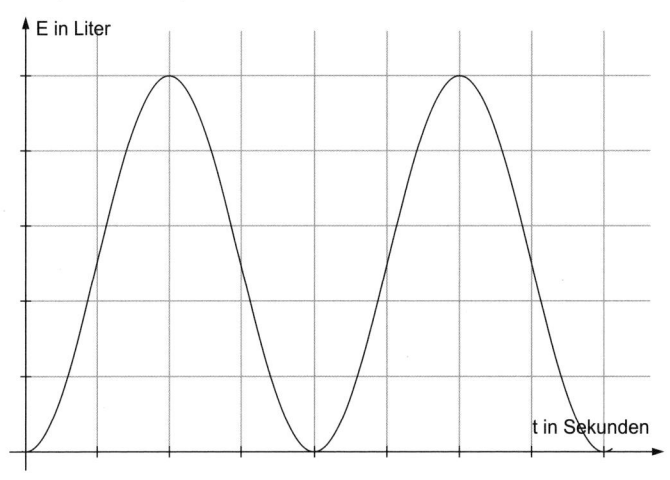

4.1 Skalieren Sie die Achsen. 3

4.2 Das Volumen E der eingeatmeten Luft (in Liter) lässt sich in Abhängigkeit von der Zeit t durch die folgende Funktionsgleichung modellieren:
$E(t) = a \cdot \cos(k \cdot t) + b; \; t \geq 0$

Dabei ist t die Zeit in Sekunden seit dem Beginn des 1. Atemzugs.

4.2.1 Bestimmen Sie die Zahlen a, k und b. 3

4.2.2 Bestimmen Sie das Volumen der eingeatmeten Luft zum Zeitpunkt t = 53,5.
Befindet man sich zu diesem Zeitpunkt in der Ein- oder der Ausatmungsphase? 5

4.2.3 Bestimmen Sie für den 4. Atemzug (in der ersten Minute) die beiden Lösungen der Gleichung $E(t) = \frac{E(2)}{5}$ auf jeweils eine Dezimale gerundet.

Formulieren Sie im Sachzusammenhang eine Frage, die man mithilfe der Lösung dieser Gleichung beantworten kann. 7

Aus biologischen Gründen verbleibt nach dem Ausatmen in der Lunge immer noch Luft. Die sich somit insgesamt in der Lunge befindliche Luft L zum Zeitpunkt t kann modellhaft beschrieben werden mit:

$$L(t) = -0{,}25 \cdot \cos\left(\frac{\pi}{2} \cdot t\right) + 2{,}95; \quad t \geq 0$$

Dabei wird t in Sekunden und L in Liter angegeben.
Zum Zeitpunkt t = 0 beginnt wieder das Einatmen.

4.3 Bestimmen Sie das Luftvolumen, das nach dem Ausatmen in der Lunge verbleibt. 3

4.4 Bestimmen Sie den Wertebereich der Funktion L(t). 4

4.5 Berechnen Sie den exakten Wert der momentanen (lokalen) Änderungsrate an der Stelle $t_0 = \frac{1}{2}$.
Was sagt dieser Wert im Sachzusammenhang aus?
Welche Einheit ergibt sich bei dieser Rechnung? 5

30

# Tipps und Hinweise

## Aufgabenteil 4.1
*Skalieren der Achsen*
- x-Achse: Wie viele Sekunden dauert ein Atemzug?
- y-Achse: Wie viel Liter Luft wird maximal eingeatmet?

## Aufgabenteil 4.2.1
*Bestimmung der Zahlen a, k und b*
- Bestimmung von b: Bestimmen Sie die Gleichung der „mittleren Linie" (Gerade, auf der alle Wendepunkte liegen).
- Bestimmung von k: Entnehmen Sie der Zeichnung die Periode p. Der Wert von k (mit k > 0) lässt sich anschließend mit der Formel $p = \frac{2\pi}{k}$ bestimmen.
- Bestimmung von a: Führen Sie die Punktprobe mit dem Punkt (0|0) durch.

## Aufgabenteil 4.2.2
*Volumen zum Zeitpunkt t = 53,5*
- Berechnen Sie E(53,5).

*Atemzug, Ein- bzw. Ausatmungsphase*
- Beachten Sie: Der erste Atemzug dauert von der 0. bis zur 4. Sekunde.
  Der 15. Atemzug dauert von der ... Sekunde bis zur ... Sekunde.
  In welchem Atemzug liegt daher der Zeitpunkt t = 53,5?
- Wie lange dauert jeweils die Einatmungsphase?

## Aufgabenteil 4.2.3
*Lösung der Gleichung mithilfe des WTR*
- Beachten Sie: $\frac{E(2)}{5} = \frac{0,5}{5} = 0,1$
- Der 4. Atemzug dauert von der 12. bis zur 16. Sekunde. Schauen Sie sich mit dem WTR die Werte im Intervall $12 \leq t \leq 16$ an.

## Aufgabenteil 4.3
*Restluftvolumen nach dem Ausatmen*
- Für den Zeitpunkt $t_0$, an dem das Ausatmen beendet ist, gilt $t_0 \in \{4; 8; ...; 60\}$. Berechnen Sie zum Beispiel L(4).

## Aufgabenteil 4.4
*Wertebereich von L*
- Beachten Sie: Wertebereich $W = [y_{min}; y_{max}]$

**Aufgabenteil 4.5**

*Momentane Änderungsrate*

◢ Beachten Sie: Die momentane (lokale) Änderungsrate bei $t_0 = \frac{1}{2}$ lässt sich mit $L'\left(\frac{1}{2}\right)$ bestimmen.

## Lösung

**4.1 Skalieren der Achsen**
Zeitliche Dauer d eines Atemzuges: $d = \frac{60}{15} = 4$
Ein Atemzug dauert 4 Sekunden.

Maximales Volumen der eingeatmeten Luft: 0,5 Liter

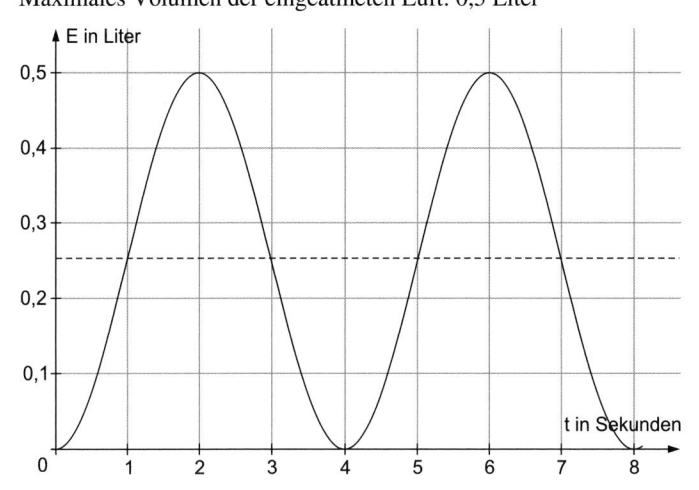

**4.2.1 Berechnung der Zahlen a, k und b**
$E(t) = a \cdot \cos(k \cdot t) + b; \; t \geq 0$

Bestimmung von b:
Die Gerade, auf der alle Wendepunkte liegen (mittlere Linie), hat die Gleichung:

$y = \frac{y_{max} + y_{min}}{2} = \frac{0,5 + 0}{2} = 0,25 \;\; \Rightarrow \;\; \underline{\underline{b = 0,25}}$

Bestimmung von k:
Aus $p = \frac{2\pi}{k}$ ergibt sich mit $p = 4$ wegen $k > 0$: $4 = \frac{2\pi}{k} \;\; \Rightarrow \;\; \underline{\underline{k = \frac{\pi}{2}}}$

Zwischenergebnis:
$E(t) = a \cdot \cos\left(\frac{\pi}{2} \cdot t\right) + 0,25$

Berechnung von a:
Es gilt:
$E(0) = 0 \;\; \Rightarrow \;\; a \cdot \underbrace{\cos\left(\frac{\pi}{2} \cdot 0\right)}_{=1} + 0,25 = 0 \;\; \Rightarrow \;\; \underline{\underline{a = -0,25}}$

### 4.2.2 Volumen der eingeatmeten Luft zum Zeitpunkt t = 53,5
Aus 1.2.1 folgt:

$$E(t) = -0,25 \cdot \cos\left(\frac{\pi}{2} \cdot t\right) + 0,25; \quad t \geq 0$$

$$E(53,5) = -0,25 \cdot \cos\left(\frac{\pi}{2} \cdot 53,5\right) + 0,25 \approx 0,43$$

Das Volumen beträgt ca. 0,43 Liter.

**Atemzug**
Der 15. Atemzug dauert von der 56. bis zur 60. Sekunde.
Somit dauert der 14. Atemzug von der 52. bis zur 56. Sekunde.

14. Atemzug $\begin{cases} \text{Einatmung: Sekunde 52 und Sekunde 53} \\ \text{Ausatmung: Sekunde 54 und Sekunde 55} \end{cases}$

Der Zeitpunkt t = 53,5 liegt in der Einatmungsphase des 14. Atemzuges.

### 4.2.3 Lösung der Gleichung
Da $\frac{E(2)}{5} = \frac{0,5}{5} = 0,1$, ist die folgende Gleichung zu lösen: $E(t) = 0,1$

Zu beachten ist: Der 4. Atemzug beginnt bei t = 12.

Skizze:

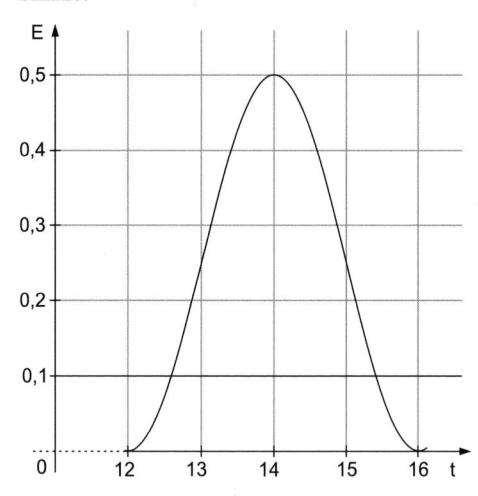

Gesucht sind die beiden Schnittstellen

$\Rightarrow -0,25 \cdot \cos\left(\frac{\pi}{2} \cdot t\right) + 0,25 = 0,1$

*1. Möglichkeit (mithilfe der Wertetabelle des WTR)*
Diese Gleichung kann man mit dem WTR mithilfe einer Wertetabelle (mit gerundeten Funktionswerten) lösen.
Gesucht ist der Bereich, in dem E den Wert 0,1 erreicht.

Startwert: 12                Startwert: 12,5
Schritte: 0,1                Schritte: 0,01

| t    | E           | t     | E             |
|------|-------------|-------|---------------|
| ...  | ...         | ...   | ...           |
| 12,5 | 0,073 < 0,1 | 12,59 | 0,0999 < 0,1  |
| 12,6 | 0,103 > 0,1 | 12,60 | 0,1031 > 0,1  |
| ...  | ...         | ...   | ...           |

Die beiden Lösungen der Gleichungen lauten:
$t_1 \approx \underline{\underline{12,6}}$; $t_2 \approx 16 - 0,6 \approx \underline{\underline{15,4}}$

*2. Möglichkeit (Auflösen der Gleichung)*
$$E(t) = -0,25 \cdot \cos\left(\frac{\pi}{2} \cdot t\right) + 0,25 = 0,1 \;\Rightarrow\; \cos\left(\frac{\pi}{2} \cdot t\right) = 0,6$$

Mit der Substitution $\frac{\pi}{2} \cdot t = u$ ergibt sich:

$\cos(u) = 0,6 \;\Rightarrow\; u = \cos^{-1}(0,6) \approx 0,927$

Rücksubstitution:
$\frac{\pi}{2} \cdot t \approx 0,927 \;\Rightarrow\; t \approx 0,59$

Die beiden Lösungen der Gleichungen lauten:
$t_1 \approx 12 + 0,59 \approx \underline{\underline{12,6}}$; $t_2 \approx 16 - 0,59 \approx \underline{\underline{15,4}}$

**Frage im Sachzusammenhang**
Zu welchen Zeitpunkten beträgt während des 4. Atemzuges das Volumen der eingeatmeten Luft 0,1 Liter?

4.3 **Restvolumen nach dem Ausatmen**
Für das Ende des ersten Atemzuges gilt:
t = 4

Restluftvolumen in der Lunge:
$$L(4) = -0,25 \cdot \underbrace{\cos\left(\frac{\pi}{2} \cdot 4\right)}_{=1} + 2,95 = \underline{\underline{2,7}}$$

Das Restvolumen an Luft in der Lunge beträgt nach der Ausatmung 2,7 Liter.

4.4 **Wertebereich W der Funktion L**
Für den Wertebereich W von L gilt:
W = [$y_{min}$; $y_{max}$]

Die maximale Luftmenge ist zum Zeitpunkt t = 2:
$$L(2) = -0{,}25 \cdot \underbrace{\cos\left(\frac{\pi}{2} \cdot 2\right)}_{=-1} + 2{,}95 = 3{,}2$$

Die minimale Luftmenge ist zum Zeitpunkt t = 0:
$$L(0) = -0{,}25 \cdot \underbrace{\cos\left(\frac{\pi}{2} \cdot 0\right)}_{=1} + 2{,}95 = 2{,}7$$

Der Wertebereich W der Funktion L ist:
W = [2,7; 3,2]

4.5 **Momentane Änderungsrate**
$$L'(t) = \frac{1}{4} \cdot \frac{\pi}{2} \cdot \sin\left(\frac{\pi}{2} \cdot t\right) = \frac{\pi}{8} \cdot \sin\left(\frac{\pi}{2} \cdot t\right)$$

Mit t = $\frac{1}{2}$ ergibt sich:
$$L'\left(\frac{1}{2}\right) = \frac{\pi}{8} \cdot \underbrace{\sin\left(\frac{\pi}{2} \cdot \frac{1}{2}\right)}_{=\frac{1}{2}\sqrt{2}} = \frac{\pi}{16}\sqrt{2} > 0$$

Die momentane (lokale) Änderungsrate an der Stelle $t_0 = \frac{1}{2}$ hat den Wert $\frac{\pi}{16}\sqrt{2}$.

**Aussage dieses Wertes, Einheit**
$\frac{\pi}{16}\sqrt{2} \approx 0{,}28 \frac{\text{Liter}}{\text{Sekunde}}$ ist die Geschwindigkeit beim Einatmen zum Zeitpunkt 0,5 Sekunden.

# Fachhochschulreife Mathematik (Berufskolleg Baden-Württemberg)
## Musteraufgaben – Pflichtteil: Aufgabe 1, Beispiel A

Punkte

1.1 Geben Sie Lage und Art der Nullstellen der Funktion f mit
$f(x) = \frac{1}{2}(x-3)^2(x+\frac{4}{3}); \; x \in \mathbb{R}$ an.  3

1.2 Bestimmen Sie die Gleichung der Tangente in P(2|f(2)) an das Schaubild der Funktion f mit $f(x) = \frac{1}{2}\sin(\frac{\pi}{4}x) + x; \; x \in \mathbb{R}$.  4

1.3 Berechnen Sie die Koordinaten der Wendepunkte des Schaubildes der Funktion f mit $f(x) = \frac{1}{3}x^4 - 6x^2 + 13; \; x \in \mathbb{R}$.  4

1.4 Gegeben sind die Abbildungen A, B und C. Sie zeigen die Schaubilder einer Funktion h, der Ableitungsfunktion h' von h und einer weiteren Funktion k.
Begründen Sie, welche Abbildung zum Schaubild von h, h' und k gehört.

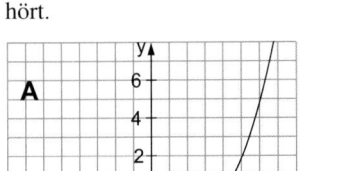

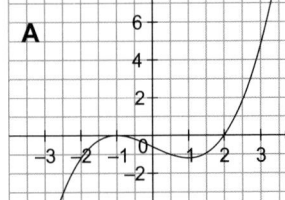

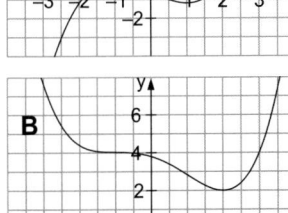

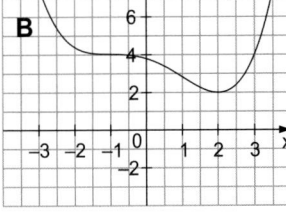

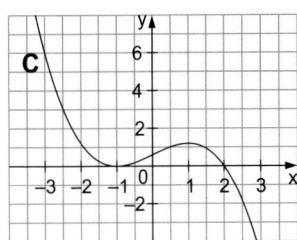

3

1.5 Das Schaubild einer Polynomfunktion 4. Grades hat den Hochpunkt H(0|4), den Tiefpunkt T(1|2) und an der Stelle −1 die Steigung 12. Bestimmen Sie ein lineares Gleichungssystem, mit dessen Hilfe sich der Term dieser Funktion bestimmen lässt.
(Das Berechnen der Lösungen des LGS ist nicht erforderlich.) 5

1.6 Bestimmen Sie u > 0 so, dass $\int_0^u \frac{1}{2}x^4\,dx = 3{,}2$. 4

1.7 Gegeben ist die Funktion f mit $f(x) = 3e^{-2x} - \frac{5}{2}$; $x \in \mathbb{R}$, ihr Schaubild ist $K_f$.
Bestimmen Sie die Koordinaten der Achsenschnittpunkte von $K_f$.
Skizzieren Sie $K_f$. 5

1.8 Das Schaubild der Funktion f mit $f(x) = \sin(x)$; $x \in \mathbb{R}$ wird um den Faktor 5 in y-Richtung gestreckt und um 3 nach rechts verschoben.
Geben Sie den zugehörigen Funktionsterm an. 2

30

# Tipps und Hinweise

**Aufgabenteil 1.1**
- Überlegen Sie sich Zahlen für die Variable x, damit die Klammern den Wert 0 ergeben.

**Aufgabenteil 1.2**
- Berechnen Sie f(2).
- Berechnen Sie f'(x).
- Verwenden Sie die Formel für die Gleichung der Tangente: $y = m \cdot (x - x_p) + y_p$

**Aufgabenteil 1.3**
- Für die Berechnung von Wendepunkten gilt: $f''(x) = 0$ und $f'''(x) \neq 0$

**Aufgabenteil 1.4**
- Nutzen Sie das NEW-Verfahren.
- Lesen Sie alle Stellen mit einem Extremum ab.
- Schaubild B hat bei x = 2 einen Tiefpunkt.
- Das Schaubild der Ableitungsfunktion hat an dieser Stelle x = 2 eine einfache Nullstelle, mit einem Vorzeichenwechsel von minus nach plus („von unten nach oben").

**Aufgabenteil 1.5**
- Ansatz: $f(x) = ax^4 + bx^3 + cx^2 + dx + e$
- Was bedeutet f(0) = 4 und f(1) = 2?
- Die Steigung im Extrempunkt ist gleich 0.

**Aufgabenteil 1.6**
- Berechnen Sie eine Stammfunktion von $f(x) = \frac{1}{2}x^4$.

**Aufgabenteil 1.7**
- Nullstellen: f(x) = 0
- Formen Sie so lange um, bis: $e^{-2x} = \frac{5}{6}$
- Für die Skizze ist es hilfreich, die Asymptote einzuzeichnen.

**Aufgabenteil 1.8**
- $h(x) = a \cdot \sin(x - b)$; bestimmen Sie a und b.

# Lösung

**1.1** Nullstellen: $f(x) = 0$

$$\frac{1}{2}(x-3)^2\left(x+\frac{4}{3}\right) = 0 \;\Rightarrow\; \underline{\underline{x_{1/2} = 3;\; x_3 = -\frac{4}{3}}}$$

$x_{1/2}$ ist eine doppelte Nullstelle, d. h., das Schaubild **berührt** hier die x-Achse. (Das Schaubild hat ein Extremum.)

$x_3$ ist eine einfache Nullstelle, d. h., das Schaubild **schneidet** die x-Achse an dieser Stelle.

**1.2** Berührpunkt P:

$$f(2) = \frac{1}{2}\sin\left(\frac{\pi}{4}\cdot 2\right) + 2 = \frac{1}{2}\underbrace{\sin\left(\frac{\pi}{2}\right)}_{=1} + 2 = \frac{1}{2}\cdot 1 + 2 = 2{,}5 \;\Rightarrow\; P(2\,|\,2{,}5)$$

Steigung $m_t$ der Tangente:

$$f'(x) = \frac{\pi}{8}\cos\left(\frac{\pi}{4}x\right) + 1 \;\Rightarrow\; f'(2) = \frac{\pi}{8}\underbrace{\cos\left(\frac{\pi}{2}\right)}_{=0} + 1 = 0 + 1 = 1 \;\Rightarrow\; m_t = 1$$

Gleichung $y = m_t(x - x_p) + y_p$ der Tangente:

$$y = 1\cdot(x-2) + 2{,}5 \;\Rightarrow\; \underline{\underline{y = x + 0{,}5}}$$

**1.3** Berechnung der ersten drei Ableitungen:

$$f(x) = \frac{1}{3}x^4 - 6x^2 + 13;\quad f'(x) = \frac{4}{3}x^3 - 12x;\quad f''(x) = 4x^2 - 12;\quad f'''(x) = 8x$$

Wendepunkte: $f''(x) = 0$ und $f'''(x) \neq 0$

$f''(x) = 0 \;\Rightarrow\; 4x^2 - 12 = 0 \;\Rightarrow\; x^2 = 3 \;\Rightarrow\; x_{1/2} = \pm\sqrt{3}$

$f'''(\pm\sqrt{3}) = \pm 8\sqrt{3} \neq 0$

Das Schaubild der Funktion f hat also genau zwei Wendepunkte.

Berechnung der Funktionswerte an den Wendestellen:

$$f(\pm\sqrt{3}) = \frac{1}{3}\cdot(\pm\sqrt{3})^4 - 6\cdot(\pm\sqrt{3})^2 + 13 = \frac{1}{3}\cdot 9 - 6\cdot 3 + 13 = 3 - 18 + 13 = -2$$

Die Koordinaten der Wendepunkte lauten:

$\underline{\underline{W_1(\sqrt{3}\,|\,-2);\; W_2(-\sqrt{3}\,|\,-2)}}$

1.4 Mit dem NEW-Verfahren (einfache Nullstelle, Extremum, Wendepunkt):
h(x)     N    E    W
h'(x)         N    E    W
h''(x)             N    E    W
Erklärung: Ein Extremum bei h ergibt bei h' eine einfache Nullstelle; ein Wendepunkt bei h ergibt bei h' ein Extremum.

Abgelesen aus Abbildung B:
$x_1 = -1$ gehört zu einem Sattelpunkt (Wendepunkt mit Steigung 0);
$x_2 = 2$ gehört zu einem Tiefpunkt (Extremum)
Daraus folgt: Das Schaubild der zugehörigen Ableitung hat bei $x = 2$ eine einfache Nullstelle mit Vorzeichenwechsel von „–" nach „+" („von unten nach oben") und bei $x = -1$ ein Extremum. Dies trifft alles auf das Schaubild in Abbildung A zu.

*Ergebnis:* Abbildung B zeigt das Schaubild von h und Abbildung A das von h'. Abbildung C zeigt daher das Schaubild von k.

1.5 Ansatz: $f(x) = ax^4 + bx^3 + cx^2 + dx + e$
$f'(x) = 4ax^3 + 3bx^2 + 2cx + d$
Bedingungen:
Punkt H(0|4):   $f(0) = 4$   $\Rightarrow$   $e = 4$
Hochpunkt:      $f'(0) = 0$  $\Rightarrow$   $d = 0$
Punkt T(1|2):   $f(1) = 2$   $\Rightarrow$   $a + b + c + d + e = 2$
Tiefpunkt:      $f'(1) = 0$  $\Rightarrow$   $4a + 3b + 2c + d = 0$
Steigung 12:    $f'(-1) = 12$ $\Rightarrow$  $-4a + 3b - 2c + d = 12$

1.6 $\int_0^u \frac{1}{2} x^4 \, dx = 3{,}2$

$\left[\frac{1}{10} x^5\right]_0^u = 3{,}2$

$\frac{1}{10} u^5 - 0 = 3{,}2$

$u^5 = 32$

$u = \sqrt[5]{32}$

$\underline{\underline{u = 2}}$

1.7 Schnittpunkt mit der y-Achse: $x = 0$
$f(0) = 3e^{-2 \cdot 0} - \frac{5}{2} = 3 \cdot 1 - \frac{5}{2} = \frac{1}{2}$ $\Rightarrow$ $\underline{\underline{S_y\left(0 \mid \frac{1}{2}\right)}}$

Schnittpunkt mit der x-Achse: $y = 0$

$$f(x) = 0$$
$$3e^{-2x} - \frac{5}{2} = 0$$
$$3e^{-2x} = \frac{5}{2}$$
$$e^{-2x} = \frac{5}{6}$$
$$-2x = \ln\left(\frac{5}{6}\right)$$
$$x = -\frac{1}{2}\ln\left(\frac{5}{6}\right) \Rightarrow \underline{\underline{N\left(-\frac{1}{2}\ln\left(\frac{5}{6}\right)\bigg|0\right)}}$$

Skizze:

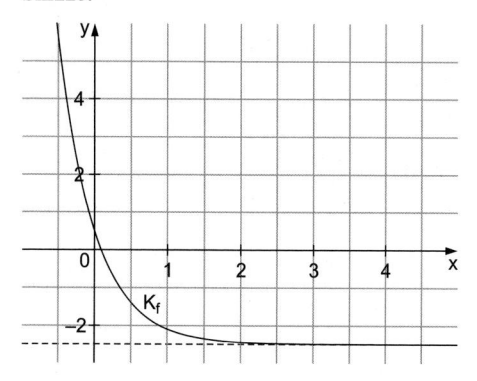

1.8 Ausgangsfunktion:
$f(x) = \sin(x)$

Strecken in y-Richtung um den Faktor 5:
$g(x) = 5 \cdot \sin(x)$

Verschieben um 3 nach rechts:
$\underline{\underline{h(x) = 5 \cdot \sin(x - 3)}}$

## Fachhochschulreife Mathematik (Berufskolleg Baden-Württemberg)
## Musteraufgaben – Pflichtteil: Aufgabe 1, Beispiel B

Punkte

1.1 Berechnen Sie die Lösungen der Gleichung $x^4 - 7x^2 + 12 = 0$.     4

1.2 Gegeben sind die Funktionen f und g mit $f(x) = e^{4x}$ und $g(x) = 3e^{2x}$; $x \in \mathbb{R}$.
Zeigen Sie, dass sich die Schaubilder der Funktionen f und g genau einmal schneiden.     3

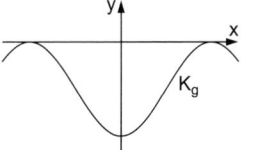

1.3 Das Schaubild einer trigonometrischen Funktion hat die benachbarten Hochpunkte $H_1(\frac{\pi}{2} | 3)$ und $H_2(\frac{3\pi}{2} | 3)$ sowie eine Amplitude von 2.
Geben Sie die Koordinaten des dazwischen liegenden Tiefpunktes und eines Wendepunktes an.     4

1.4 Bestimmen Sie die Stammfunktion von $g(x) = 2e^{-4x} + 4x - 3$; $x \in \mathbb{R}$, deren Schaubild die y-Achse bei 6 schneidet.     4

1.5 Berechnen Sie den Wert des Integrals $\int_{\frac{\pi}{4}}^{\frac{\pi}{2}} 3\sin(2x)\, dx$.     4

1.6 In der nebenstehenden Abbildung schließen das zur y-Achse symmetrische Schaubild $K_g$ der Funktion g und die x-Achse eine Fläche ein.
In diese wird ein achsenparalleles Rechteck einbeschrieben.
Geben Sie eine Zielfunktion an, mit deren Hilfe das Rechteck mit maximalem Flächeninhalt bestimmt werden kann.     3

1.7 Das Schaubild $K_g$ aus 1.6 ist das Schaubild der Ableitungsfunktion der Funktion h, es gilt also $h' = g$.
Treffen Sie Aussagen über die Lage und Anzahl der Wendestellen von h.     3

1.8 Bestimmen Sie die Lösung des folgenden linearen Gleichungssystems:
$$x + y - z = 6$$
$$3x + 2z = -3$$
$$-y - z = -1$$
    5

30

# Tipps und Hinweise

## Aufgabenteil 1.1
*Lösung der Gleichung 4. Grades*
- Substitution: $x^2 = u$

## Aufgabenteil 1.2
*Gemeinsame Punkte*
- Bringen Sie die Gleichung $f(x) = g(x)$ in die Form $f(x) - g(x) = 0$.
- Ausklammern und der Satz vom Nullprodukt führen dann zur Lösung.

*Schnittstellen*
- Zeigen Sie, dass sich die Kurven nicht berühren, sondern schneiden.

## Aufgabenteil 1.3
*Koordinaten des Tiefpunktes*
- Skizzieren Sie die beiden Hochpunkte und die mittlere Linie. Wo muss dann der Tiefpunkt liegen?

*Koordinaten des Wendepunktes*
- Beachten Sie: Der Wendepunkt liegt genau in der Mitte zwischen zwei benachbarten Extrempunkten.

## Aufgabenteil 1.4
*Stammfunktionen*
- Die Funktion g besitzt unendlich viele Stammfunktionen G. Diese unterscheiden sich nur durch eine additive Konstante c.
- Berechnen Sie den Wert von c, indem Sie die Punktprobe mit $S_y(0|6)$ durchführen.

## Aufgabenteil 1.5
*Wert des Integrals*
- Bilden Sie eine Stammfunktion F und berechnen Sie $F(\frac{\pi}{2}) - F(\frac{\pi}{4})$. Beachten Sie dabei die Kettenregel.

## Aufgabenteil 1.6
*Fläche des einbeschriebenen Rechteckes*
- Zeichnen Sie in die beschriebene Fläche ein achsenparalleles Rechteck ein.
- Drücken Sie die Länge und die Breite des Rechteckes mit u aus.
- Beachten Sie: $A_{Rechteck} = \text{Länge} \cdot \text{Breite}$

**Aufgabenteil 1.7**

*Anzahl der Wendestellen*
- Beim grafischen Differenzieren (Ableiten) geht ein Wendepunkt in einen Extrempunkt über.

*Lage der Wendestellen*
- Geben Sie die drei Wendestellen an. Was bemerken Sie?

**Aufgabenteil 1.8**

*Lösung des linearen Gleichungssystems*
- Verwenden Sie zum Beispiel das Gaußverfahren.

# Lösung

## 1.1 Lösung der Gleichung

Da nur gerade Exponenten in dieser Gleichung 4. Grades vorkommen, kann man mithilfe der Substitution $x^2 = u$ die Lösungen bestimmen.

Mit $x^2 = u$ und somit $x^4 = x^2 \cdot x^2 = u \cdot u = u^2$ folgt somit:

$$u^2 - 7u + 12 = 0 \Leftrightarrow u_{1/2} = \frac{7}{2} \pm \sqrt{\frac{49}{4} - 12} = \frac{7}{2} \pm \sqrt{\frac{49}{4} - \frac{48}{4}} = \frac{7}{2} \pm \sqrt{\frac{1}{4}} = \frac{7}{2} \pm \frac{1}{2}$$

Die beiden Lösungen sind $u_1 = 4$ und $u_2 = 3$.

Rücksubstitution:

$u_1 = x^2 \wedge u_1 = 4 \Rightarrow x^2 = 4 \Rightarrow x_1 = 2 \vee x_2 = -2$

$u_2 = x^2 \wedge u_2 = 3 \Rightarrow x^2 = 3 \Rightarrow x_3 = \sqrt{3} \vee x_4 = -\sqrt{3}$

Die Lösungen lauten:

$\underline{\underline{x_1 = 2;\ x_2 = -2;\ x_3 = \sqrt{3};\ x_4 = -\sqrt{3}}}$

## 1.2 Schnittpunkt der beiden Kurven

Berechnung der x-Koordinate des gemeinsamen Punktes G:

$$f(x) = g(x)$$
$$e^{4x} = 3e^{2x}$$

| | |
|---|---|
| $e^{4x} - 3e^{2x} = 0$ | Ausklammern |
| $e^{2x} \cdot (e^{2x} - 3) = 0$ | Satz vom Nullprodukt |
| $e^{2x} = 0$ oder $e^{2x} - 3 = 0$ | $e^{2x} > 0$, also hat $e^{2x} = 0$ keine Lösung |
| $e^{2x} = 3$ | Logarithmieren |
| $2x = \ln(3)$ | |
| $x = \frac{1}{2}\ln(3)$ | |

### Nachweis für Schnittstelle

Die Gleichung $f(x) = g(x)$ hat nur eine einzige (einfache) Lösung, also schneiden sich die Kurven (und berühren sich nicht nur).

*Alternativ:* Mithilfe der 1. Ableitung

$f'(x) = 4e^{4x} \Rightarrow m_t = f'\left(\frac{1}{2}\ln(3)\right) = 4e^{4 \cdot \frac{1}{2}\ln(3)} = 4e^{2\ln(3)} = 4(\underbrace{e^{\ln(3)}}_{=3})^2 = 4 \cdot 9 = 36$

$g'(x) = 6e^{2x} \Rightarrow m_t = g'\left(\frac{1}{2}\ln(3)\right) = 6e^{2 \cdot \frac{1}{2}\ln(3)} = 6\underbrace{e^{\ln(3)}}_{=3} = 6 \cdot 3 = 18$

Da die Steigungen ($m_t$) der beiden Tangenten an der Stelle $x = \frac{1}{2}\ln(3)$ verschieden sind, schneiden sich die beiden Kurven (und berühren sich nicht nur).

## 1.3 Bestimmung des Tiefpunktes T

*1. Möglichkeit:* Überlegung am Schaubild (siehe rechts)
Die beiden Hochpunkte $H_1$ und $H_2$ haben von der mittleren Linie ($y=1$) den Abstand 2. Somit hat der dazwischen liegende Tiefpunkt T von der mittleren Linie ebenfalls den Abstand 2. Das bedeutet:
$$T(\pi \mid -1)$$

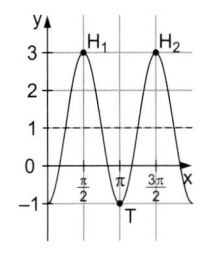

*2. Möglichkeit:* durch Rechnung
Die x-Koordinate $x_T$ des Tiefpunktes T liegt genau in der Mitte zwischen den x-Koordinaten $x_1$ und $x_2$ der beiden Hochpunkte $H_1$ und $H_2$:
$$x_T = \frac{\frac{\pi}{2} + \frac{3\pi}{2}}{2} = \frac{2\pi}{2} = \pi$$
Zur Berechnung der y-Koordinate $y_T$ muss vom Maximalwert (3) das Doppelte der Amplitude (2) abgezogen werden:
$$y_T = 3 - 2 \cdot 2 = -1$$
Damit erhält man:
$$T(\pi \mid -1)$$

### Wendepunkt
Der Wendepunkt des Schaubildes einer trigonometrischen Funktion liegt genau in der Mitte zwischen zwei benachbarten Extrempunkten.
x-Koordinate des Wendepunktes: Die Mitte zwischen $\frac{\pi}{2}$ und $\pi$ ist $\frac{3\pi}{4}$.
y-Koordinate des Wendepunktes: Die Mitte zwischen $-1$ und $3$ ist $1$.
Ein (möglicher) Wendepunkt ist also:
$$W\left(\frac{3\pi}{4} \mid 1\right)$$

## 1.4 Stammfunktion, deren Schaubild die y-Achse bei 6 schneidet

Alle Stammfunktionen:
$$F(x) = \frac{2e^{-4x}}{-4} + \frac{4x^2}{2} - 3x + c = -\frac{1}{2}e^{-4x} + 2x^2 - 3x + c$$

Punktprobe mit $S_y(0 \mid 6)$ ergibt:
$$-\frac{1}{2}e^0 + 2 \cdot 0^2 - 3 \cdot 0 + c = 6 \quad \Rightarrow \quad -\frac{1}{2} + c = 6 \quad \Rightarrow \quad c = 6{,}5$$

Der Funktionsterm der gesuchten Stammfunktion lautet:
$$F(x) = -\frac{1}{2}e^{-4x} + 2x^2 - 3x + 6{,}5$$

## 1.5 Berechnung des Integrals

$$\int_{\frac{\pi}{4}}^{\frac{\pi}{2}} 3\sin(2x)\,dx = \left[-\frac{3}{2}\cos(2x)\right]_{\frac{\pi}{4}}^{\frac{\pi}{2}} = -\frac{3}{2}\cos(\pi) + \frac{3}{2}\cos\left(\frac{\pi}{2}\right)$$

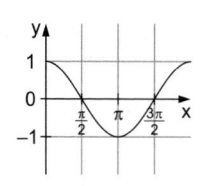

Dem nebenstehenden Schaubild der Cosinus-Funktion kann man die Werte von $\cos(\pi)$ und $\cos\left(\frac{\pi}{2}\right)$ entnehmen. Damit folgt für das Integral:

$$\int_{\frac{\pi}{4}}^{\frac{\pi}{2}} 3\sin(2x)\,dx = -\frac{3}{2}\underbrace{\cos(\pi)}_{=-1} + \frac{3}{2}\underbrace{\cos\left(\frac{\pi}{2}\right)}_{=0} = -\frac{3}{2}\cdot(-1) + \frac{3}{2}\cdot 0 = \underline{\underline{\frac{3}{2}}}$$

## 1.6 Fläche des einbeschriebenen Rechteckes

Für die Fläche A eines Rechtecks gilt allgemein:
A = Länge · Breite = $\ell \cdot b$

Für ein u, das zwischen 0 und der rechten (positiven) Nullstelle liegt, gilt für das Rechteck:
Länge: $\ell = u + u = 2u$
Breite: $b = -g(u)$  (da $g(u) < 0$)

Der Funktionsterm der gesuchten Zielfunktion lautet:
$\underline{\underline{A(u) = 2u \cdot (-g(u)) = -2u \cdot g(u)}}$

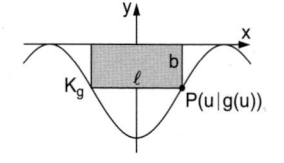

## 1.7 Lage und Anzahl der Wendestellen

Ein Wendepunkt im Schaubild von h wird zu einem Extrempunkt im Schaubild von h'.

Das Schaubild $K_{h'}$ hat drei Extremstellen.

*Ergebnis:* Die Anzahl der Wendestellen von h ist 3.
Für die Lage der Wendestellen von h gilt:
je eine bei $x = 0$, bei $x = a$ und bei $x = -a$

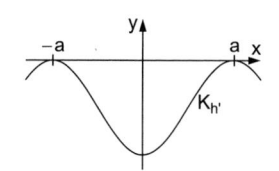

## 1.8 Lineares Gleichungssystem

In Matrizenschreibweise:

$$\begin{pmatrix} 1 & 1 & -1 & | & 6 \\ 3 & 0 & 2 & | & -3 \\ 0 & -1 & -1 & | & -1 \end{pmatrix} \xrightarrow{II - 3\cdot I} \begin{pmatrix} 1 & 1 & -1 & | & 6 \\ 0 & -3 & 5 & | & -21 \\ 0 & -1 & -1 & | & -1 \end{pmatrix} \xrightarrow{3\cdot III - II} \begin{pmatrix} 1 & 1 & -1 & | & 6 \\ 0 & -3 & 5 & | & -21 \\ 0 & 0 & -8 & | & 18 \end{pmatrix}$$

Zeile III ausgeschrieben: $-8z = 18 \Rightarrow z = -2{,}25$
In Zeile II eingesetzt: $-3y + 5 \cdot (-2{,}25) = -21 \Rightarrow -3y = -9{,}75 \Rightarrow y = 3{,}25$
In Zeile I eingesetzt: $x + 3{,}25 - (-2{,}25) = 6 \Rightarrow x + 5{,}5 = 6 \Rightarrow x = 0{,}5$

Die Lösung des Gleichungssystems lautet:
$\underline{\underline{x = 0{,}5}}; \quad \underline{\underline{y = 3{,}25}}; \quad \underline{\underline{z = -2{,}25}}$

## Fachhochschulreife Mathematik (Berufskolleg Baden-Württemberg)
## Musteraufgaben – Wahlteil: Aufgabe 2

Punkte

2.1 Das Schaubild einer Funktion 3. Grades berührt die x-Achse bei $x = -3$ und verläuft durch den Ursprung.
Weiterhin liegt der Punkt $A(1 | \frac{16}{3})$ auf dem Schaubild der Funktion.
Bestimmen Sie den Funktionsterm der Funktion. 5

Gegeben ist die Funktion f mit $f(x) = -\frac{1}{3}x^3 - 2x^2 - 3x$; $x \in \mathbb{R}$. Ihr Schaubild ist $K_f$.

2.2 Bestimmen Sie die Koordinaten des Hoch- und des Tiefpunktes von $K_f$.
Zeichnen Sie $K_f$ in ein geeignetes Koordinatensystem. 8

2.3 Berechnen Sie $\int_{-3}^{1} f(x)\,dx$ und interpretieren Sie das Ergebnis geometrisch. 5

Gegeben sind die Funktionen g mit $g(x) = -x^2 - 3$ und $h(x) = e^{2x}$; $x \in \mathbb{R}$. Die Schaubilder heißen $K_g$ und $K_h$.

2.4 Skizzieren Sie die Schaubilder $K_g$ und $K_h$. 3

2.5 $K_h$ soll in y-Richtung so verschoben werden, dass $K_g$ den verschobenen Graphen auf der y-Achse schneidet.
Bestimmen Sie den neuen Funktionsterm. 2

2.6 Die Kurve $K_g$ und die Gerade mit der Gleichung $y = -7$ begrenzen eine Fläche. In diese Fläche soll ein zur y-Achse symmetrisches Dreieck mit den Eckpunkten $S(0 | -7)$ und $P(u | g(u))$ mit $0 \le u \le 2$ einbeschrieben werden.
Skizzieren Sie diesen Sachverhalt für $u = 1$.
Zeigen Sie, dass der Flächeninhalt dieses Dreiecks für $u = \sqrt{\frac{4}{3}}$ maximal wird. 7

30

# Tipps und Hinweise

**Aufgabenteil 2.1**
*Möglichkeit 1 (weniger rechenintensiv)*
- Ansatz: $f(x) = a \cdot x \cdot (x+3)^2$
- $N_1(0|0)$ und $N_{2/3}(-3|0)$ (einfache und doppelte Nullstelle)
- Machen Sie mit dem Punkt A eine Punktprobe.

*Möglichkeit 2*
- Ansatz: $f(x) = ax^3 + bx^2 + cx + d$
- $f(0) = 0$; $f(-3) = 0$; $f(1) = \frac{16}{3}$
- Das Schaubild berührt die x-Achse bei $x = -3$: $f'(-3) = 0$

**Aufgabenteil 2.2**
- Siehe Merkhilfe: $f'(x) = 0$ und $f''(x) < 0$ (Hochpunkt) oder $f''(x) > 0$ (Tiefpunkt)
- Fertigen Sie eine Wertetabelle mit ihrem WTR an.

**Aufgabenteil 2.3**
- Berechnen Sie eine Stammfunktion von $f(x)$.
- Benutzen Sie Ihre Zeichnung für die geometrische Interpretation.

**Aufgabenteil 2.4**
- Berechnen Sie von beiden Schaubildern den Schnittpunkt mit der y-Achse.
- Das Schaubild von $g(x)$ ist eine „spezielle" Normalparabel.
- Zur Sicherheit können Sie auch Ihren WTR benutzen.

**Aufgabenteil 2.5**
- $K_g$: $S_y(0|-3)$; $K_h$: $S_y(0|1)$
- Um wie viele Längeneinheiten sollte man $K_h$ nach unten verschieben?

**Aufgabenteil 2.6**
- Benutzen Sie die Zeichnung aus 2.4.
- Für $u = 1$ gilt: $P(1|-4)$
- Flächeninhalt eines Dreiecks (siehe Merkhilfe): $A = \frac{1}{2} \cdot g \cdot h$
- Leiten Sie $A(u)$ zweimal ab.

## Lösung

### 2.1  1. Ansatz: mit Nullstellen

Die Punkte $N_1(0|0)$ und $N_{2/3}(-3|0)$ liegen auf dem Schaubild. Daher ist der folgende Ansatz möglich:

$f(x) = a \cdot x \cdot (x+3)^2$  mit $a \in \mathbb{R}$

Einsetzen der Koordinaten von A ergibt:

$$f(1) = \frac{16}{3}$$
$$a \cdot 1 \cdot 4^2 = \frac{16}{3}$$
$$16a = \frac{16}{3}$$
$$a = \frac{1}{3}$$

Der Funktionsterm lautet:

$$\underline{\underline{f(x) = \frac{1}{3} \cdot x \cdot (x+3)^2}}$$

### 2. Ansatz: allgemein (rechenintensiv)

$f(x) = ax^3 + bx^2 + cx + d$
$f'(x) = 3ax^2 + 2bx + c$

Bedingungen:

Punkt $O(0|0)$:  $f(0) = 0 \Rightarrow d = 0$

Punkt $A\left(1\left|\frac{16}{3}\right.\right)$:  $f(1) = \frac{16}{3} \Rightarrow a + b + c + d = \frac{16}{3}$

Punkt $N(-3|0)$:  $f(-3) = 0 \Rightarrow -27a + 9b - 3c + d = 0$

Berührung:  $f'(-3) = 0 \Rightarrow 27a - 6b + c = 0$

Wegen $d = 0$ kann in der erweiterten Koeffizientenmatrix geschrieben werden:

$$\begin{pmatrix} 1 & 1 & 1 & \left|\frac{16}{3}\right. \\ -27 & 9 & -3 & 0 \\ 27 & -6 & 1 & 0 \end{pmatrix} \xrightarrow{\substack{\text{II} + 27 \cdot \text{I} \\ \text{III} - 27 \cdot \text{I}}} \begin{pmatrix} 1 & 1 & 1 & \left|\frac{16}{3}\right. \\ 0 & 36 & 24 & 144 \\ 0 & -33 & -26 & -144 \end{pmatrix}$$

$$\xrightarrow{\text{II} : 12} \begin{pmatrix} 1 & 1 & 1 & \left|\frac{16}{3}\right. \\ 0 & 3 & 2 & 12 \\ 0 & -33 & -26 & -144 \end{pmatrix} \xrightarrow{\text{III} + 11 \cdot \text{II}} \begin{pmatrix} 1 & 1 & 1 & \left|\frac{16}{3}\right. \\ 0 & 3 & 2 & 12 \\ 0 & 0 & -4 & -12 \end{pmatrix}$$

Aus der letzten Zeile folgt:
$-4 \cdot c = -12 \Rightarrow c = 3$

Einsetzen in die vorletzte Zeile liefert:
$3 \cdot b + 2 \cdot 3 = 12 \Rightarrow b = 2$

Damit ergibt sich aus Zeile I:
$1 \cdot a + 1 \cdot 2 + 1 \cdot 3 = \frac{16}{3} \Rightarrow \underline{\underline{a = \frac{1}{3}}}$

Der Funktionsterm lautet:
$\underline{\underline{f(x) = \frac{1}{3}x^3 + 2x^2 + 3x}}$

2.2 Berechnung der ersten beiden Ableitungen:

$f(x) = -\frac{1}{3}x^3 - 2x^2 - 3x; \ f'(x) = -x^2 - 4x - 3; \ f''(x) = -2x - 4$

Extrempunkte: $f'(x) = 0$ und $f''(x) < 0$ (Hochpunkt) bzw. $f''(x) > 0$ (Tiefpunkt)
$f'(x) = 0 \Rightarrow -x^2 - 4x - 3 = 0 \Rightarrow x_1 = -3; \ x_2 = -1$ (mit p-q-Formel)
$f''(-3) = 2 > 0$, also Tiefpunkt; $f''(-1) = -2 < 0$, also Hochpunkt

Berechnung der Funktionswerte an den Extremstellen mit dem WTR:

$f(-3) = 0; \ f(-1) = \frac{4}{3}$

Die Koordinaten der Extrempunkte lauten:

$\underline{\underline{T(-3|0); \ H\left(-1 \left| \frac{4}{3}\right.\right)}}$

In der nebenstehenden Zeichnung sind bereits zwei Flächen grau markiert, auf die erst in Aufgabenteil 2.3 Bezug genommen wird.

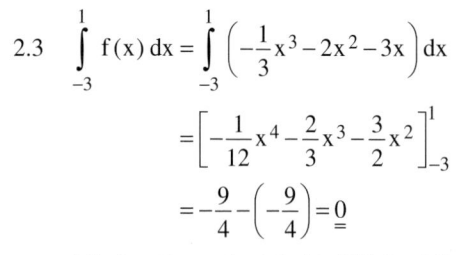

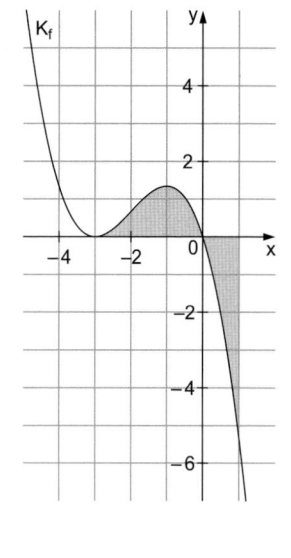

2.3 $\int_{-3}^{1} f(x)\,dx = \int_{-3}^{1} \left(-\frac{1}{3}x^3 - 2x^2 - 3x\right) dx$

$\qquad = \left[-\frac{1}{12}x^4 - \frac{2}{3}x^3 - \frac{3}{2}x^2\right]_{-3}^{1}$

$\qquad = -\frac{9}{4} - \left(-\frac{9}{4}\right) = \underline{\underline{0}}$

Mit dem Integral wird eine **Flächenbilanz** berechnet. Wenn das Integral den Wert null hat, bedeutet dies, dass die Flächenstücke oberhalb und unterhalb der x-Achse (in der Zeichnung jeweils grau markiert) gleich groß sind.

2.4 Die Schaubilder $K_g$ und $K_h$ sind in der Abbildung rechts zu sehen.

Zusätzlich ist, für den folgenden Aufgabenteil, das Schaubild $K_h$ so verschoben worden (gestrichelt), dass der Schnittpunkt mit $K_g$ auf der y-Achse liegt.

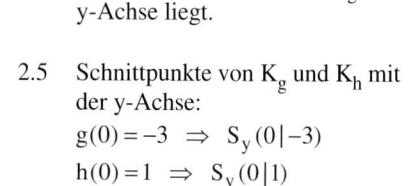

2.5 Schnittpunkte von $K_g$ und $K_h$ mit der y-Achse:

$g(0) = -3 \;\Rightarrow\; S_y(0\,|\,-3)$

$h(0) = 1 \;\Rightarrow\; S_y(0\,|\,1)$

Das Schaubild $K_h$ muss also um 4 LE nach unten verschoben werden. Der neue Funktionsterm lautet:

$\underline{\underline{u(x) = e^{2x} - 4}}$

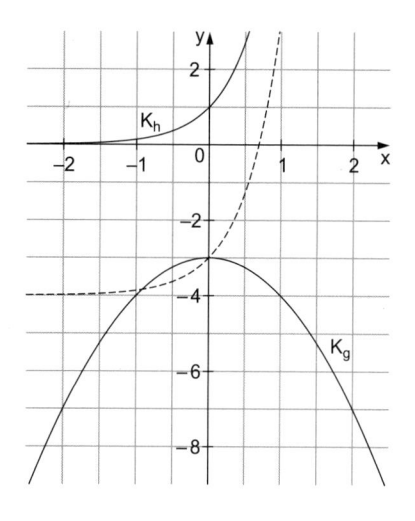

2.6 Der Flächeninhalt A eines Dreiecks mit der Grundseite a und der zugehörigen Höhe $h_a$ berechnet sich zu:

$A = \dfrac{1}{2} \cdot a \cdot h_a$

Aus der Skizze rechts (Beispiel für $u = 1$) lässt sich allgemein schließen:

$a = 2u;\; h_a = g(u) - (-7) = g(u) + 7$

Der Flächeninhalt beträgt daher:

$A(u) = \dfrac{1}{2} \cdot 2u \cdot (g(u) + 7)$

$\quad\;\; = u \cdot (-u^2 - 3 + 7) = -u^3 + 4u$

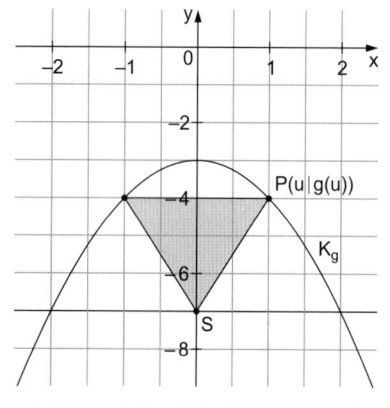

Gesucht ist das absolute Maximum. Dazu wird das relative Maximum ermittelt und eine Randwertuntersuchung durchgeführt.

Berechnung der ersten beiden Ableitungen:

$A'(u) = -3u^2 + 4;\; A''(u) = -6u$

Relatives Maximum: $A'(u) = 0$ und $A''(u) < 0$

$A'(u) = 0 \;\Rightarrow\; -3u^2 + 4 = 0 \;\Rightarrow\; u^2 = \dfrac{4}{3} \;\Rightarrow\; u = \sqrt{\dfrac{4}{3}}$, da $0 \leq u \leq 2$

Randwerte:

$A(0) = A(2) = 0$

Der Flächeninhalt des Dreiecks wird also für $u = \sqrt{\dfrac{4}{3}}$ maximal.

**Fachhochschulreife Mathematik (Berufskolleg Baden-Württemberg)**
**Musteraufgaben – Wahlteil: Aufgabe 3**

Punkte

3.1 Gegeben ist die Funktion f mit $f(x) = a \cdot \sin(k \cdot x) + b$ für $x \in [-1; 8]$.
Ihr Schaubild $K_f$ ist im folgenden Koordinatensystem dargestellt.
Ermitteln Sie passende Werte für a, k und b anhand der Abbildung. 4

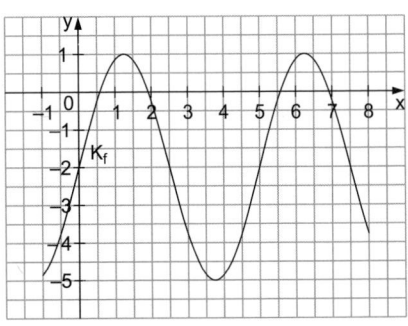

3.2 Zusätzlich ist die Funktion g mit $g(x) = -3 \cdot \cos(\frac{1}{2}x) + 2$ für $x \in [0; 4\pi]$ gegeben. Ihr Schaubild sei $K_g$.
Geben Sie die Koordinaten der Extrempunkte und der Wendepunkte von $K_g$ an. 4

3.3 Bestimmen Sie für die nachfolgenden Problemstellungen jeweils einen passenden Funktionsterm:

3.3.1 Der Temperaturverlauf an einem Sommertag soll durch eine trigonometrische Funktion beschrieben werden.
Um 14 Uhr erreicht die Temperatur den höchsten Wert von 28 °C.
Die tiefste Temperatur des Tages betrug 8 °C um 2 Uhr. 3

3.3.2 Eine Saunakabine kühlt exponentiell ausgehend von einer Temperatur von 60 °C ab. Nach 10 Minuten hat die Kabine noch eine Temperatur von 40 °C. Die Umgebungstemperatur beträgt 4 °C. 5

Nachfolgend ist die Funktion h gegeben durch $h(x) = \frac{1}{2}e^{-\frac{1}{2}x} - 2$ für $x \in \mathbb{R}$.
Ihr Schaubild sei $K_h$.

3.4 Weisen Sie nach, dass $K_h$ keine Extrempunkte und keine Wendepunkte hat, und geben Sie die Gleichung der Asymptote von $K_h$ an. 4

3.5 Ermitteln Sie die Gleichung der Tangente an $K_h$ im Punkt $P(-2 | h(-2))$. 3

3.6 $K_h$ und die Koordinatenachsen schließen eine Fläche ein.
Berechnen Sie deren Inhalt. 7

30

# Tipps und Hinweise

## Aufgabenteil 3.1
- Berechnung von b: $b = \frac{y_{max} + y_{min}}{2}$
- Berechnung von k: Die Periode p ist der Abstand der beiden Hochpunkte. Bestimmen Sie p aus der Zeichnung. Beachten Sie: $p = \frac{2\pi}{k}$ (falls $k > 0$)
- Berechnung von a: a ist der Abstand eines Extrempunktes zur mittleren Linie.

## Aufgabenteil 3.2
- Bestimmen Sie die Amplitude $|a|$.
- Bestimmen Sie die Periode p.
- Bestimmen Sie die Gleichung der mittleren Linie.
- Fertigen Sie eine Skizze an.
- Entnehmen Sie der Skizze alle Extrempunkte (H, T) und alle Wendepunkte (W).

## Aufgabenteil 3.3.1
- Wählen Sie für 14 Uhr den Zeitpunkt $t = 0$.
- Beachten Sie: Die Periode p ist $p = 24$ (Stunden).
- Fertigen Sie eine Skizze des Schaubildes an.
- Funktionsgleichung: $T(t) = a \cdot \cos(k \cdot t) + b$ (Ansatz aus Skizze); T ist die Temperatur. Bestimmen Sie (siehe 3.1) die Werte für a, k und b.
- Entnehmen Sie der Skizze alle Extrempunkte (EP) und alle Wendepunkte (W).

## Aufgabenteil 3.3.2
- Die Temperatur nähert sich der Umgebungstemparatur 4 °C an.
- Fertigen Sie eine Skizze des Schaubildes an.
- Beachten Sie: Es handelt sich um einen beschränkten Zerfall.
- Funktionsgleichung: $T(t) = a \cdot e^{kt} + b$ (Ansatz aus Skizze); T ist die Temperatur.
  Berechnung von b: Die waagrechte Asymptote hat die Gleichung $y = b$.
  Berechnung von a: Punktprobe mit $P(0|60)$ ergibt den Wert a.
  Berechnung von k: Punktprobe mit $P(10|40)$ ergibt den Wert k.

## Aufgabenteil 3.4
*Nachweis „keine Extrempunkte"*
- Beachten Sie: Die notwendige Bedingung für Extrempunkte lautet $h'(x) = 0$.
  Zeigen Sie: $h'(x) = 0$ hat keine Lösung.

*Nachweis „keine Wendepunkte"*

- Beachten Sie: Die notwendige Bedingung für Wendepunkte lautet $h''(x)=0$.
Zeigen Sie: $h''(x)=0$ hat keine Lösung.

**Aufgabenteil 3.5**

- Berechnen Sie den y-Wert des Punktes P.
- Berechnen Sie die Steigung der Tangente in P.
- Stellen Sie die Punkt-Steigungs-Form bzw. Hauptform der Geradengleichung auf.

**Aufgabenteil 3.6**

- Woran erkennen Sie, dass h monoton fällt?
- Berechnen Sie die Nullstelle von h.
- Skizzieren Sie das Schaubild von h. Wo liegt die gesuchte Fläche?
- Bestimmen Sie die Grenzen u (unten) und o (oben) des Integrals.
- Beachten Sie: $\int_{u}^{o} h(x)\,dx = H(o) - H(u)$. Berechnen Sie H(o) und H(u) mit dem WTR.

# Lösung

## 3.1 Berechnung von b

$$b = \frac{y_H + y_T}{2} = \frac{1-5}{2} = \frac{-4}{2} \Rightarrow \underline{\underline{b = -2}}$$

**Berechnung von k**

Die beiden Hochpunkte sind:
$H_1(1,25 \mid 1)$; $H_2(6,25 \mid 1)$
Der (horizontale) Abstand dieser beiden ist:
$6,25 - 1,25 = 5$
Somit ist die Periode $p = 5$. Mit $p = \frac{2\pi}{k}$ folgt daher:

$$5 = \frac{2\pi}{k} \Rightarrow \underline{\underline{k = \frac{2\pi}{5}}}$$

**Berechnung von a**

Der Abstand der Hochpunkte zur mittleren Linie ($y = b = -2$) beträgt 3:
$\underline{\underline{a = 3}}$

## 3.2 Bestimmung der Extrem- und Wendepunkte

Amplitude: 3

Periode: $p = \frac{2\pi}{0,5} = 4\pi$

mittlere Linie: $y = 2$

Aus der nebenstehenden Skizze des Schaubilds ergibt sich:
$T_1(0 \mid -1)$; $T_2(4\pi \mid -1)$; $H(2\pi \mid 5)$

$\underline{\underline{W_1(\pi \mid 2); \; W_2(3\pi \mid 2)}}$

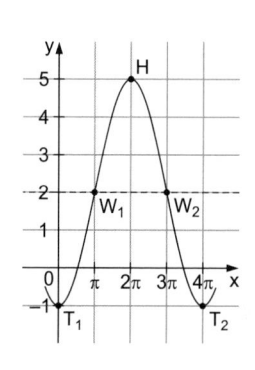

## 3.3.1 Temperaturverlauf an einem Sommertag

T ist die Temperatur (in °C), t sind die Stunden (h) nach 14 Uhr. $t = 0$ ist genau 14 Uhr.

Ansatz für die Funktionsgleichung:
$T(t) = a \cdot \cos(k \cdot t) + b$

Ablesen aus der Skizze des Schaubilds (rechts):

$a = 28 - 18 = 10$; $b = \frac{8 + 28}{2} = 18$; $k = \frac{2\pi}{p} = \frac{2\pi}{24} = \frac{\pi}{12}$

$\Rightarrow \underline{\underline{T(t) = 10 \cdot \cos\left(\frac{\pi}{12} t\right) + 18; \; 0 \leq t \leq 24}}$

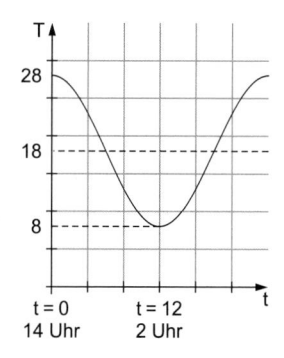

### 3.3.2 Saunakabine

Ansatz für beschränktes Wachstum:
$T(t) = a \cdot e^{k \cdot t} + b$; t in Minuten, Temperatur T in °C

Waagrechte Asymptote
$y = 4 \Rightarrow b = 4$

Startwert:
$T(0) = 60 \Rightarrow 60 = a + 4 \Rightarrow a = 56$

Zwischenergebnis:
$T(t) = 56 \cdot e^{k \cdot t} + 4$

Berechnung von k: Punktprobe mit $P(10|40)$
$$40 = 56 \cdot e^{k \cdot 10} + 4$$

$$\frac{36}{56} = e^{10k}$$

$$\ln\left(\frac{36}{56}\right) = 10k$$

$$k = \frac{1}{10}\ln\left(\frac{36}{56}\right) \approx -0{,}044$$

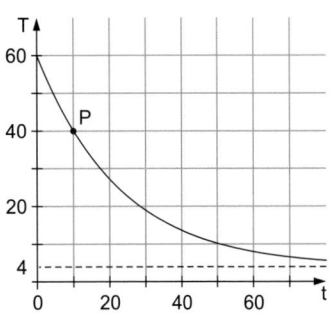

$\Rightarrow \underline{\underline{T(t) = 56 \cdot e^{-0{,}044 \cdot t} + 4;\ t \geq 0}}$

### 3.4 Berechnung der ersten beiden Ableitungen:

$$h(x) = \frac{1}{2}e^{-\frac{1}{2}x} - 2;\ h'(x) = -\frac{1}{4}e^{-\frac{1}{2}x};\ h''(x) = \frac{1}{8}e^{-\frac{1}{2}x}$$

**Nachweis „keine Extrempunkte"**

Notwendige Bedingung für Extrempunkte: $h'(x) = 0$

$-\frac{1}{4}e^{-\frac{1}{2}x} = 0 \Leftrightarrow e^{-\frac{1}{2}x} = 0$; keine Lösung, da $e^{-\frac{1}{2}x} > 0$

Das Schaubild von h hat also keine Extrempunkte.

**Nachweis „keine Wendepunkte"**

Notwendige Bedingung für Wendepunkte: $h''(x) = 0$

$\frac{1}{8}e^{-\frac{1}{2}x} = 0 \Leftrightarrow e^{-\frac{1}{2}x} = 0$; keine Lösung, da $e^{-\frac{1}{2}x} > 0$

Das Schaubild von h hat also keine Wendepunkte.

**Gleichung der Asymptote**

Für $x \to \infty$ ist:

$$h(x) = \underbrace{\frac{1}{2}e^{-\frac{1}{2}x}}_{\to 0} - 2 \to -2$$

Die Gleichung der waagrechten Asymptote lautet $\underline{\underline{y = -2}}$.

3.5 **Gleichung der Tangente**
Koordinaten des Punktes $P(x_1|y_1)$:
$$h(-2) = \frac{1}{2}e^{-\frac{1}{2}\cdot(-2)} - 2 = \frac{1}{2}e - 2 \quad \Rightarrow \quad P\left(-2 \left| \frac{1}{2}e - 2\right.\right)$$

Tangentensteigung m in P:
$$m = h'(-2) = -\frac{1}{4}e^{-\frac{1}{2}\cdot(-2)} = -\frac{1}{4}e$$

*1. Möglichkeit:* Punkt-Steigungs-Form $y = m\cdot(x - x_1) + y_1$
Die Tangente an $K_h$ in P hat die Gleichung:
$$\underline{\underline{y = -\frac{1}{4}e\cdot(x+2) + \frac{1}{2}e - 2}}$$

*2. Möglichkeit:* Hauptform $y = mx + b$
Punktprobe mit P:
$$y_1 = m\cdot x_1 + b$$
$$\frac{1}{2}e - 2 = -\frac{1}{4}e\cdot(-2) + b$$
$$\frac{1}{2}e - 2 = \frac{1}{2}e + b$$
$$b = -2$$

Die Tangente an $K_h$ in P hat die Gleichung:
$$\underline{\underline{y = -\frac{1}{4}e\cdot x - 2}}$$

3.6 **Eingeschlossene Fläche**
Der Funktionsterm von h hat die Form $h(x) = a\cdot e^{k\cdot x} + b$. Wegen des negativen Exponenten ($k = -\frac{1}{2}$) ist das Schaubild von h monoton fallend. Die Gleichung der waagrechten Asymptote ist $y = -2$.

Berechnung der Nullstelle: $h(x) = 0$
$$\frac{1}{2}e^{-\frac{1}{2}x} - 2 = 0$$
$$e^{-\frac{1}{2}x} - 4 = 0$$
$$e^{-\frac{1}{2}x} = 4$$
$$-\frac{1}{2}x = \ln(4)$$
$$x = -2\ln(4) \approx -2{,}77$$

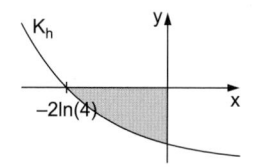

Bestimmung einer Stammfunktion:
$$H(x) = \frac{\frac{1}{2}}{-\frac{1}{2}}e^{-\frac{1}{2}x} - 2x = -e^{-\frac{1}{2}x} - 2x$$

Berechnung des Integrals (mit dem WTR):

$$\int_{-2\ln(4)}^{0} h(x)\,dx = \left[H(x)\right]_{-2\ln(4)}^{0} = \underbrace{H(0)}_{=-1} - \underbrace{H(-2\ln(4))}_{\approx 1{,}55} \approx -2{,}55$$

Die Fläche liegt unterhalb der x-Achse und hat einen Inhalt von ungefähr 2,55 Flächeneinheiten.

# Fachhochschulreife Mathematik (Berufskolleg Baden-Württemberg)
## Musteraufgaben – Wahlteil: Aufgabe 4

Punkte

4.1 Gegeben ist das Schaubild $K_f$ einer Funktion f und das Schaubild $K_h$ einer Funktion h.
Der Term von f lautet $f(x) = 6\sin(\pi \cdot x); x \in [0; k]$.
Ergänzen Sie die x- und die y-Achse so, dass die vorgegebene Kurve $K_f$ das Schaubild von f darstellt.

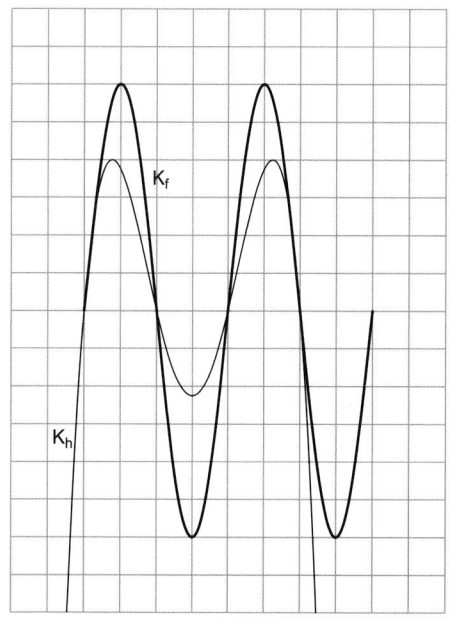

2

4.2 Ermitteln Sie die Periode, die Amplitude, die Nullstellen von f und den Wert von k.
Skalieren Sie dann obiges Koordinatensystem.

4

4.3 Beschreiben Sie, wie $K_f$ aus dem Schaubild der Funktion g mit $g(x) = \sin(x)$ hervorgeht.

3

4.4 In welchen Kurvenpunkten von $K_f$ beträgt die Steigung $-6\pi$?

3

Der Term von h lautet $h(x) = -4x^4 + 24x^3 - 44x^2 + 24x;\ x \in \mathbb{R}$.

4.5  Berechnen Sie die Gleichung der Tangente an $K_h$ an der Stelle $x = 2$.
Anton behauptet: „Es gibt keine Tangenten an $K_h$ mit einer größeren Steigung als die Tangente an der Stelle $x = 2$."
Nehmen Sie zu dieser Behauptung Stellung.  5

4.6  Die Schaubilder von f und h schneiden sich an den Stellen $x = 0$ und $x = 1$ und schließen eine Fläche ein.
Berechnen Sie den Inhalt dieser Fläche.  5

Welche der folgenden Aussagen sind falsch, welche richtig und welche sind nur bedingt richtig?
Geben Sie für die falschen Aussagen ein Gegenbeispiel an.
Geben Sie für die bedingt richtigen Aussagen eine Bedingung an, unter welcher sie richtig sind.

4.7  a) Leitet man die Funktion f mit $f(x) = 2\cos(b \cdot x)$ mehrmals ab, wird die Amplitude der Schaubilder der Ableitungsfunktionen immer größer.

   b) Die Funktion f mit $f(x) = e^{kx};\ x \in \mathbb{R}$ ist streng monoton wachsend.

   c) Eine Polynomfunktion ungeraden Grades hat mindestens eine Nullstelle.

   d) Eine Polynomfunktion 4. Grades, deren Schaubild symmetrisch zur y-Achse ist, hat auf der y-Achse eine Wendestelle.  8

30

# Tipps und Hinweise

**Aufgabenteil 4.1**
- Die x-Achse ist die mittlere Linie.
- Der Punkt W(0|0) ist Wendepunkt des Schaubildes.
- Das Schaubild verläuft nach dem Wendepunkt „nach oben".

**Aufgabenteil 4.2**
*Periode, Amplitude, Nullstellen, Wert von k*
- Bestimmung der Periode: $p = \frac{2\pi}{k}$
- Bestimmung der Amplitude: $|a|$
- Bestimmung der Nullstellen: Lesen Sie die fünf Nullstellen aus dem Schaubild ab.
- Bestimmung von k: Lesen Sie aus dem Schaubild die Grenzen des Zeichnungsintervalls ab.

*Skalierung der Achsen*
- x-Achse: Beachten Sie $p=2$.
- y-Achse: Beachten Sie, dass die Amplitude 6 ist.

**Aufgabenteil 4.3**
- Um welche beiden Streckungen geht es hier?

**Aufgabenteil 4.4**
- Bestimmen Sie mithilfe der Substitution $\pi \cdot x = u$ die Lösungen von $f'(x) = -6\pi$.

**Aufgabenteil 4.5**
*Gleichung der Tangente an der Stelle $x = 2$*
- Bestimmen Sie die y-Koordinate des Punktes C(2|h(2)).
- Die Steigung der Kurve in P beträgt h'(2).
- Berechnen Sie mit der Punkt-Steigungsform bzw. der Hauptform die Tangentengleichung.

*Antons Behauptung*
- Beachten Sie: Die Steigung ist im Wendepunkt am größten.

**Aufgabenteil 4.6**
- Zeichnen Sie in das Schaubild von 4.1 die gesuchte Fläche ein.
- Berechnen Sie mithilfe einer Stammfunktion die eingeschlossene Fläche.

## Aufgabenteil 4.7

*Aussage a*
- Bilden Sie die 1. Ableitung.
- Mit welchem Teil von ihr berechnet man die Amplitude?

*Aussage b*
- Für welches k steigt bzw. fällt die Funktion f?

*Aussage c*
- Untersuchen Sie das globale Verhalten der Funktion ungeraden Grades.

*Aussage d*
- Untersuchen Sie das Schaubild von $f(x) = x^4$.

# Lösung

## 4.1 Einzeichnen der Koordinatenachsen

Die Skalierung der Achsen wird erst in Aufgabenteil 4.2 gefordert, die eingezeichnete Fläche braucht man in Aufgabenteil 4.6.

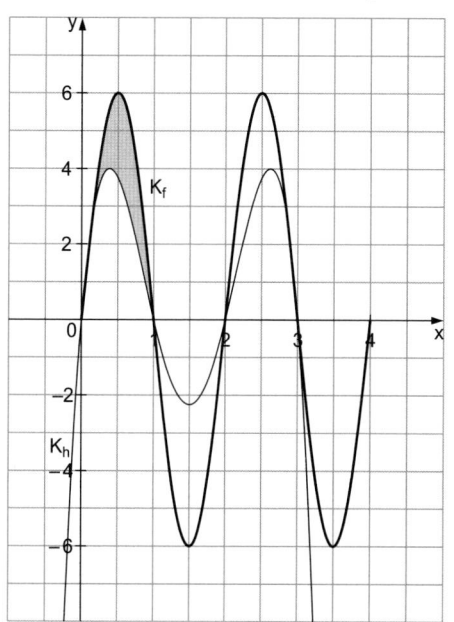

## 4.2 Periode p

$$p = \frac{2\pi}{k} = \frac{2\pi}{\pi} = \underline{\underline{2}}$$

**Amplitude**
Die Amplitude ist $|6| = \underline{\underline{6}}$.

**Nullstellen**
Die Lösungen der Gleichung $f(x) = 0$ können aus dem oberen Schaubild abgelesen werden:
$\underline{\underline{x_1 = 0; \quad x_2 = 1; \quad x_3 = 2; \quad x_4 = 3; \quad x_5 = 4}}$

**Wert von k**
Das Intervall ist $[0; k]$ und somit ist $\underline{\underline{k = 4}}$.

4.3 **Streckungen des Schaubildes von g**
Das Schaubild von g mit g(x) = sin(x) wird mit dem Faktor k = 6 in y-Richtung und mit dem Faktor $k = \frac{1}{\pi}$ in x-Richtung gestreckt.

4.4 **Kurvenpunkte mit Steigung $-6\pi$**
Funktionsgleichung:
$f(x) = 6 \cdot \sin(\pi \cdot x)$
Ableitung:
$f'(x) = 6\pi \cdot \cos(\pi \cdot x)$
Berechnung der Kurvenpunkte:
$f'(x) = -6\pi$
$6\pi \cdot \cos(\pi \cdot x) = -6\pi$
$\cos(\pi \cdot x) = -1$
Mit der Substituion $\pi \cdot x = u$ folgt:
$\cos(u) = -1$

Mithilfe des Graphen (siehe nebenstehende Skizze) ergibt sich:
$\cos(u) = -1 \Leftrightarrow u_1 = \pi;\ u_2 = 3\pi$
Rücksubstitution:
$\pi \cdot x = \pi \Rightarrow x_1 = 1$
$\pi \cdot x = 3\pi \Rightarrow x_2 = 3$

Die Punkte, in denen die Steigung $-6\pi$ beträgt, sind
A(1|0) und B(3|0).

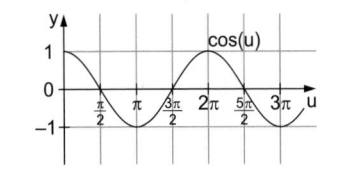

4.5 **Gleichung der Tangente an der Stelle x = 2**
Funktionsgleichung:
$h(x) = -4x^4 + 24x^3 - 44x^2 + 24x$
Ableitungen:
$h'(x) = -16x^3 + 72x^2 - 88x + 24$
$h''(x) = -48x^2 + 144x - 88$
Die Punkt-Steigungsform ergibt sich aus h(2) = 0, also mit dem Punkt C(2|0), und h'(2) = 8:
t: $y = 8 \cdot (x - 2) + 0 = 8x - 16$

**Hat Anton recht?**
Der größte Wert der Tangentensteigung ist im Wendepunkt. Zu klären ist also die Frage: Ist der Punkt C(2|0) Wendepunkt des Schaubildes von h?
Da $h''(2) = -48 \cdot 4 + 144 \cdot 2 - 88 = 8 \neq 0$ ist an der Stelle x = 2 *kein* Wendepunkt.
Anton hat nicht recht. Es existieren noch größere Tangentensteigungen.

4.6 **Berechnung des Flächeninhaltes**
Differenzfunktion d:
$$d(x) = f(x) - h(x) = 6 \cdot \sin(\pi \cdot x) + 4x^4 - 24x^3 + 44x^2 - 24x$$
Stammfunktion D von d:
$$D(x) = -\frac{6}{\pi} \cdot \cos(\pi \cdot x) + \frac{4}{5}x^5 - 6x^4 + \frac{44}{3}x^3 - 12x^2$$
Berechnung des Integrals (mit dem WTR):
$$\int_0^1 d(x)\,dx = [D(x)]_0^1 = \underbrace{D(1)}_{\approx -0{,}623} - \underbrace{D(0)}_{\approx -1{,}910} \approx 1{,}29$$

Der gesuchte Inhalt der Fläche zwischen den beiden Kurven beträgt ca. 1,29.

4.7 **Welche Aussagen sind falsch, welche sind richtig, welche sind bedingt richtig?**

a) Die Aussage ist bedingt richtig.

   Die Bedingung für eine richtige Aussage ist: $b > 1$ oder $b < -1$

b) Die Aussage ist bedingt richtig.

   Die Bedingung für eine richtige Aussage ist: $k > 0$

c) Die Aussage ist richtig.

d) Die Aussage ist falsch.

   Ein Gegenbeispiel ist die Funktion f mit $f(x) = x^4$. Das zugehörige Schaubild zeigt die nebenstehende Zeichnung.

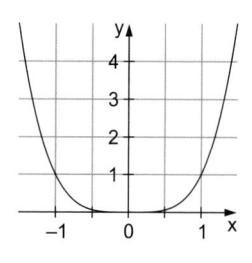

## Fachhochschulreife Mathematik (Berufskolleg Baden-Württemberg)
## Hauptprüfung 2018 – Pflichtteil (Teil 1): Aufgabe 1

Punkte

1.1 Gegeben ist folgende Wertetabelle einer Polynomfunktion f, ihrer ersten Ableitungsfunktion f' und ihrer zweiten Ableitungsfunktion f''. Das Schaubild von f ist $K_f$.

| x | −2 | −1 | 0 | 1 | 2 | 3 | 4 |
|---|---|---|---|---|---|---|---|
| f(x) | 30 | 22 | 2 | −24 | −50 | −70 | −78 |
| f'(x) | 0 | −15 | −24 | −27 | −24 | −15 | 0 |
| f''(x) | −18 | −12 | −6 | 0 | 6 | 12 | 18 |

Geben Sie die Koordinaten des Schnittpunktes mit der y-Achse, eines Hoch- und eines Tiefpunktes von $K_f$ an.
Bestimmen Sie die Gleichung der Tangente an $K_f$ im Punkt P(−1|f(−1)). 6

1.2 Die Funktion g ist gegeben durch $g(x) = -\frac{1}{24}x^2(x-5)(x+3)$; $x \in \mathbb{R}$.
Geben Sie Art und Lage der Nullstellen an und skizzieren Sie davon ausgehend das Schaubild von g. 5

1.3 Lösen Sie die Gleichung $e^{2x} - 3e^x = 0$. 4

1.4 Gegeben ist die Funktion h mit $h(x) = a \cdot e^{-x} + b$, $x \in \mathbb{R}$; $a, b \neq 0$.
Begründen Sie, welches der Schaubilder A bzw. B zur Funktion h gehört.
Bestimmen Sie a und b. 5

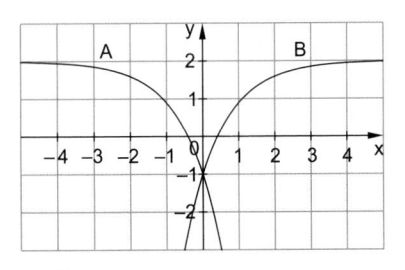

1.5 Berechnen Sie den Wert des Integrals $\int_0^{\frac{\pi}{4}} \cos(2x)\,dx$. 4

1.6 Zeigen Sie, dass das folgende lineare Gleichungssystem unendlich viele Lösungen hat.

$x + 2y + 3z = 4$
$-x \quad\quad - 6z = -8$
$x + 4y \quad\quad = 0$

Bestimmen Sie x und y, wenn z = −4 ist. 6

30

## Tipps und Hinweise

### Aufgabenteil 1.1
- Überlegen Sie sich, in welchen Zeilen Sie die Punkte vom Schaubild $K_f$ ablesen können.
- Welche Bedeutung hat die Zeile „f'(x)"?
- Welche Steigung liegt bei einem Extremum vor?
- Für die Gleichung der Tangente benötigen Sie einen Punkt und die Steigung in diesem Punkt.
- Für die Tangentengleichung benutzen Sie die Punkt-Steigungs-Formel
$y = m \cdot (x - x_p) + y_p$ oder $y = mx + b$.

### Aufgabenteil 1.2
- Sie können ohne „große Rechnung" Nullstellen aus dem Funktionsterm „berechnen".
- Berechnen Sie g(5).
- Wieso ist $x = 0$ eine doppelte Nullstelle?
- Nutzen Sie für die Skizze die Nullstellen sowie den Schnittpunkt mit der y-Achse und berechnen Sie (ohne Hilfsmittel) Näherungswerte für g(–2) und g(3).
- g(x) ist eine Funktion wievielten Grades?

### Aufgabenteil 1.3
- Welche Lösungswege kennen Sie, um Exponentialgleichungen zu lösen?
- Einen Term auszuklammern, kommt sehr häufig vor.
- Was bedeutet $\ln(e^x)$?

### Aufgabenteil 1.4
- Die beiden Schaubilder A und B sind Spiegelbilder zur y-Achse.
- Was ist der Unterschied von $f(x) = e^x$ und $g(x) = e^{-x}$?
- Was ist der Unterschied von $f(x) = e^x$ und $g(x) = -e^x$?
- Beide Schaubilder haben die gleiche Asymptote. Wie lautet die Gleichung der Asymptote?
- Welche Variable, a oder b, dürfen Sie durch die Zahl 2 ersetzen?
- Versuchen Sie, den Punkt $S_y(0|-1)$ in die Gleichung h(x) einzusetzen.

### Aufgabenteil 1.5
- Was ist eine Stammfunktion von $\cos(x)$?
- Was ist eine Stammfunktion von $\cos(2x)$?

- Fertigen Sie eine Skizze von sin(x) an.
- Lesen Sie aus Ihrer Skizze sin(0) und sin($\frac{\pi}{2}$) ab.

**Aufgabenteil 1.6**
- Versuchen Sie, das „Additionsverfahren" anzuwenden.
- Es ist sinnvoll, die erste Zeile zur zweiten Zeile zu addieren. Wieso?
- Multiplizieren Sie die erste Zeile mit −1 und addieren Sie das Ergebnis zur dritten Zeile.
- Nur noch ein Rechenschritt und Sie sind am Ziel.
- Sollten Sie nicht so weit gekommen sein, können Sie den Rest der Aufgabe (z = −4) auch extra rechnen. Setzen Sie ganz am Anfang in das LGS z = −4 ein.
- Für die erste Zeile erhalten Sie x + 2y − 12 = 4, also x + 2y = 16.
- Für die zweite Zeile erhalten Sie −x + 24 = −8, also x = 32. Setzen Sie dann x = 32 oben ein.
- Vergessen Sie nicht, die Zahlen in der dritten Zeile zu prüfen.

**Lösung**

1.1  Schnittpunkt mit der y-Achse: $x=0$
$f(0)=2 \Rightarrow \underline{\underline{S_y(0|2)}}$

Extrempunkte: $f'(x)=0$ und $f''(x)<0$ (Hochpunkt) bzw. $f''(x)>0$ (Tiefpunkt)
$f'(-2)=0$ und $f''(-2)=-18<0$, also Hochpunkt; $f(-2)=30 \Rightarrow \underline{\underline{H(-2|30)}}$

$f'(4)=0$ und $f''(4)=18>0$, also Tiefpunkt; $f(4)=-78 \Rightarrow \underline{\underline{T(4|-78)}}$

Steigung $m_t$ der Tangente:
$f'(-1)=-15 \Rightarrow m_t=-15$

Gleichung $y=m_t(x-x_p)+y_p$ der Tangente, wobei $P(-1|f(-1))=(-1|22)$:
$y=-15\cdot(x+1)+22 \Rightarrow \underline{\underline{y=-15x+7}}$

1.2  $\underline{\underline{x_{1/2}=0}}$ (doppelte Nullstelle); $\underline{\underline{x_3=-3}}$ und $\underline{\underline{x_4=5}}$ (zwei einfache Nullstellen)

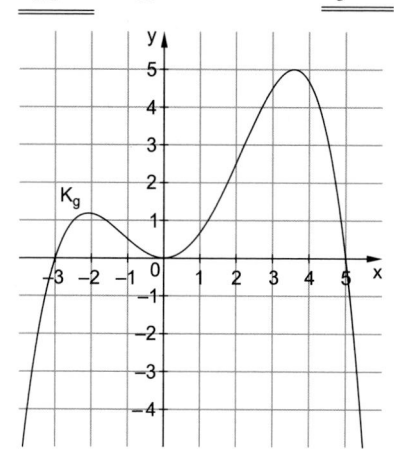

1.3  $e^{2x}-3e^x=0$
$e^x\cdot(e^x-3)=0 \qquad |:e^x\neq 0$
$e^x-3=0$
$e^x=3 \qquad |\ln()$
$\ln(e^x)=\ln(3)$
$\underline{\underline{x=\ln(3)}}$

1.4 $K_h$ nähert sich seiner Asymptote $y=b$ für $x \to +\infty$ an. Deshalb ist $\underline{\underline{B}}$ das passende Schaubild.

Abgelesen aus dem Schaubild:
Die Asymptote hat die Gleichung $y = 2$ und somit ist $\underline{\underline{b = 2}}$.
Der Schnittpunkt mit der y-Achse ist $S_y(0|-1)$. Einsetzen in die Funktionsgleichung von $h(x)$:
$-1 = a \cdot e^0 + 2 \quad \Rightarrow \quad -1 = a + 2 \quad \Rightarrow \quad \underline{\underline{a = -3}}$

1.5 $\int\limits_0^{\frac{\pi}{4}} \cos(2x)\, dx = \left[\frac{1}{2}\sin(2x)\right]_0^{\frac{\pi}{4}} = \frac{1}{2}\sin\left(\frac{\pi}{2}\right) - \frac{1}{2}\sin(0) = \frac{1}{2}\cdot 1 - \frac{1}{2}\cdot 0 = \underline{\underline{\frac{1}{2}}}$

Dem nebenstehenden Schaubild der Sinus-Funktion kann man die folgenden beide Werte entnehmen:
$\sin\left(\frac{\pi}{2}\right) = 1$ und $\sin(0) = 0$

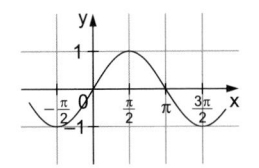

1.6 $\begin{pmatrix} 1 & 2 & 3 & | & 4 \\ -1 & 0 & -6 & | & -8 \\ 1 & 4 & 0 & | & 0 \end{pmatrix} \xrightarrow[\text{III} - \text{I}]{\text{II} + \text{I}} \begin{pmatrix} 1 & 2 & 3 & | & 4 \\ 0 & 2 & -3 & | & -4 \\ 0 & 2 & -3 & | & -4 \end{pmatrix} \xrightarrow{\text{III} - \text{II}} \begin{pmatrix} 1 & 2 & 3 & | & 4 \\ 0 & 2 & -3 & | & -4 \\ 0 & 0 & 0 & | & 0 \end{pmatrix}$

Daraus folgt, dass das LGS unendlich viele Lösungen hat, wobei die Variable z frei wählbar ist.

Lösung für $z = -4$:
2. Zeile ergibt:
$2y - 3 \cdot (-4) = -4 \quad \Rightarrow \quad 2y + 12 = -4 \quad \Rightarrow \quad \underline{\underline{y = -8}}$

Eingesetzt in die 1. Zeile:
$x + 2 \cdot (-8) + 3 \cdot (-4) = 4 \quad \Rightarrow \quad x - 16 - 12 = 4 \quad \Rightarrow \quad \underline{\underline{x = 32}}$

Alternative: $z = -4$ in das LGS der Aufgabenstellung einsetzen
1. Zeile ergibt:
$x + 2y - 12 = 4 \quad \Rightarrow \quad x + 2y = 16$

2. Zeile ergibt:
$-x + 24 = -8 \quad \Rightarrow \quad \underline{\underline{x = 32}}$

Oben einsetzen:
$32 + 2y = 16 \quad \Rightarrow \quad \underline{\underline{y = -8}}$

Probe, ob die 3. Zeile erfüllt ist:
$x + 4y = 32 + 4 \cdot (-8) = 32 - 32 = 0$

## Fachhochschulreife Mathematik (Berufskolleg Baden-Württemberg)
## Hauptprüfung 2018 – Analysisaufgaben (Teil 2): Aufgabe 2

Gegeben ist die Funktion f mit $f(x) = x^3 - 3x^2$, $x \in \mathbb{R}$. Ihr Schaubild ist $K_f$.

2.1 Berechnen Sie die Koordinaten der gemeinsamen Punkte von $K_f$ mit der x-Achse und der Extrempunkte von $K_f$.
Zeichnen Sie $K_f$ für $-1 \leq x \leq 3{,}5$. **9**

2.2 Berechnen Sie $\int_0^3 -f(x)\,dx$.

Markieren Sie die Fläche, deren Inhalt mit diesem Ausdruck berechnet wird, in Ihrem Schaubild aus Aufgabe 2.1. **5**

2.3 Begründen Sie, ob die folgenden Aussagen falsch oder wahr sind:
  a) Jede Polynomfunktion vierten Grades besitzt eine Nullstelle.
  b) Jede Nullstelle einer Funktion ist Extremstelle ihrer Stammfunktion.
  c) Das Schaubild jeder Polynomfunktion dritten Grades besitzt sowohl einen Hoch- als auch einen Tiefpunkt. **6**

Die Einwohnerzahl eines Landes wächst entsprechend der Funktion g mit $g(t) = a \cdot e^{b \cdot t}$ mit $t \in \mathbb{R}$, $a, b \neq 0$.
Dabei ist t die Zeit in Jahren, $t = 0$ ist das Jahr 2016 und g(t) gibt die Einwohnerzahl des Landes in Millionen zum Zeitpunkt t an.
Im Jahr 2016 lebten 120 Millionen Menschen in dem Land, im Jahr 2018 sind es 126 Millionen Menschen.

2.4 Bestimmen Sie die Werte für a und b. **3**

Im Folgenden sei $a = 120$ und $b = 0{,}025$.

2.5 Bestimmen Sie die Bevölkerungszahl im Jahr 2033.
In welchem Jahr war unter diesen Vorgaben die Bevölkerungszahl halb so groß wie im Jahr 2016? **4**

2.6 Bestimmen Sie, um wie viel Prozent die Einwohnerzahl jährlich zunimmt. **3**

**30**

## Tipps und Hinweise

### Aufgabenteil 2.1
- Für Schnittpunkte mit der x-Achse gilt: $f(x)=$?
- Ausklammern hat eine hohe Erfolgsquote.
- Berechnen Sie $f'(x)$ und $f''(x)$.
- Welche Steigung liegt bei einem Extremum vor?
- Berechnen Sie $f(2)$ mit dem WTR.
- Überlegen Sie für das Schaubild die Größe des Koordinatensystems.

### Aufgabenteil 2.2
- Aufpassen: Machen Sie keine Vorzeichenfehler! Der Integrand lautet $-(x^3-3x^2)$.
- Die Stammfunktion zu $-x^3+3x^2$ ist was?
- „Oberer Wert minus unterer Wert"
- Vergessen Sie nicht, die Fläche zu markieren.

### Aufgabenteil 2.3
- Versuchen Sie einfache Beispiele (Schaubilder) zu finden, die die Aussagen widerlegen.
- a) Skizzieren Sie ein „geeignetes" Schaubild vierten Grades.
- b) Diese Aussage ist nur für einfache Nullstellen richtig. Was passiert bei einer doppelten Nullstelle?
- c) Skizzieren Sie ein Schaubild von $f(x)=x^3$.

### Aufgabenteil 2.4
- $120 = a \cdot e^0$; berechnen Sie die Variable a.
- $126 = 120 \cdot e^{b \cdot 2}$; versuchen Sie, die Exponentialgleichung zu lösen.
- Logarithmieren Sie die Gleichung $1{,}05 = e^{2b}$.

### Aufgabenteil 2.5
- Welcher Wert für t entspricht dem Jahr 2033?
- Berechnen Sie mit dem WTR $g(17)$.
- Im Jahr 2016 betrug die Bevölkerungszahl 120 Millionen Menschen.
- Versuchen Sie, einen Ansatz aufzustellen.
- Die Lösung der Exponentialgleichung ist ähnlich wie bei Aufgabenteil 2.4.

**Aufgabenteil 2.6**
- Berechnen Sie mit dem WTR g(0) und g(1).
- Berechnen Sie die Zunahme der Bevölkerung in Prozent.
- Wo steckt der Wachstumsfaktor in der Gleichung $g(t) = 120 \cdot e^{0{,}025t}$?
- Berechnen Sie $e^{0{,}025}$.

**Lösung**

2.1 Schnittpunkte mit der x-Achse: $f(x) = 0$
$x^3 - 3x^2 = 0 \Leftrightarrow x^2(x-3) = 0 \Rightarrow \underline{\underline{N_{1/2}(0|0), N_3(3|0)}}$

Extrempunkte: $f'(x) = 0$ und $f''(x) < 0$ (Hochpunkt) bzw. $f''(x) > 0$ (Tiefpunkt)
$f(x) = x^3 - 3x^2$; $f'(x) = 3x^2 - 6x$; $f''(x) = 6x - 6$
$f'(x) = 0 \Leftrightarrow 3x^2 - 6x = 0 \Leftrightarrow x \cdot (3x - 6) = 0 \Rightarrow x_1 = 0$ und $x_2 = 2$
$f''(0) = -6 < 0$, also Hochpunkt; $f(0) = 0 \Rightarrow \underline{\underline{H(0|0)}}$
$f''(2) = 6 > 0$, also Tiefpunkt; $f(2) = -4 \Rightarrow \underline{\underline{T(2|-4)}}$

Schaubild (mit der Fläche aus 2.2):

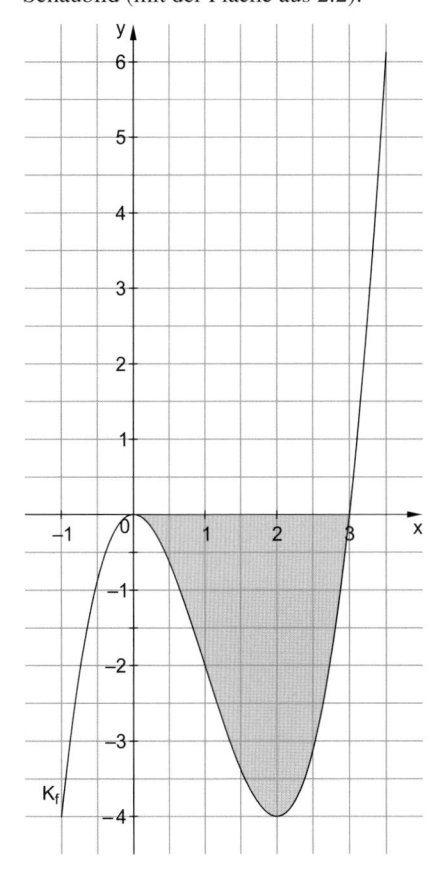

2.2 $\int_0^3 -(x^3-3x^2)\,dx = \int_0^3 (-x^3+3x^2)\,dx = \left[-\frac{1}{4}x^4+x^3\right]_0^3 = -\frac{1}{4}\cdot 3^4 + 3^3 - 0 = \underline{\underline{6{,}75}}$

Markierung: siehe 2.1

2.3 a) <u>Falsch.</u> Beispielsweise hat die Funktion f mit $f(x)=x^4+1$ keine Nullstelle.

Alternativ: Die nebenstehende Skizze zeigt das Schaubild einer Polynomfunktion vierten Grades (nämlich von $f(x)=x^4-x^2+1$), das immer oberhalb der x-Achse verläuft. Die zugehörige Funktion hat also keine Nullstelle.

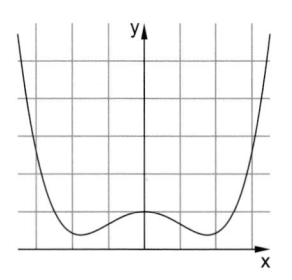

b) <u>Falsch.</u> Beispielsweise hat die Funktion f mit $f(x)=x^2$ zwar bei $x=0$ eine (doppelte) Nullstelle, ihre Stammfunktion F mit $F(x)=\frac{1}{3}x^3$ bei $x=0$ jedoch keine Extremstelle.

Alternativ: Ganz allgemein ergibt eine *doppelte* Nullstelle von f(x) keine Extremstelle bei der Stammfunktion F(x).

c) <u>Falsch.</u> Beispielsweise hat das Schaubild der Funktion f mit $f(x)=x^3+x$ weder einen Hochpunkt noch einen Tiefpunkt.

Alternativ: Die nebenstehende Skizze zeigt das Schaubild einer Polynomfunktion dritten Grades (nämlich von $f(x)=0{,}5x^3$), das weder Hoch- noch Tiefpunkt besitzt.

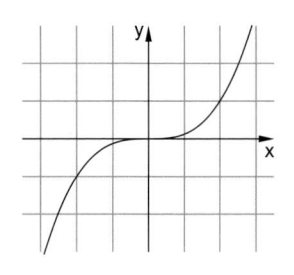

2.4 Das Jahr 2016 entspricht $t=0$, das Jahr 2018 also $t=2$.

Für $t=0$ erhält man:
$g(0)=120 \;\Rightarrow\; \underline{\underline{a=120}}$

Für $t=2$ erhält man mit $a=120$:
$\quad g(2)=126$
$120\cdot e^{b\cdot 2}=126$
$\quad\;\; e^{2b}=1{,}05 \qquad |\ln()$
$\quad\;\; 2b=\ln(1{,}05)$
$\quad\;\;\; \underline{\underline{b=0{,}5\cdot\ln(1{,}05)\approx 0{,}024}}$

2.5 Das Jahr 2033 entspricht t = 17:
$g(17) = 120 \cdot e^{0{,}025 \cdot 17} = 120 \cdot e^{0{,}425} \approx \underline{\underline{183{,}55}}$

Die Bevölkerungszahl im Jahr 2033 beträgt etwa 183,55 Millionen Menschen.

Im Jahr 2016 waren es 120 Millionen Menschen. Davon die Hälfte sind 60 Millionen Menschen. Dies führt auf den Ansatz:
$g(t) = 60$
$120 \cdot e^{0{,}025 \cdot t} = 60$
$\quad e^{0{,}025 \cdot t} = 0{,}5 \qquad | \ln()$
$\quad 0{,}025 \cdot t = \ln(0{,}5)$
$\qquad t = 40 \cdot \ln(0{,}5) \approx \underline{\underline{-27{,}73}}$

Ungefähr im Jahr $2016 - 28 = \underline{\underline{1988}}$ war die Bevölkerungszahl mit 60 Millionen Menschen ungefähr halb so groß wie 2016.

2.6 $g(0) = 120; \quad g(1) \approx 123{,}04$

$\dfrac{g(1)}{g(0)} \approx \dfrac{123{,}04}{120} \approx 1{,}025 \quad \Rightarrow \quad \underline{\underline{2{,}5\,\%}}$

Alternativ:
$e^{0{,}025} \approx 1{,}025 \quad \Rightarrow \quad \underline{\underline{2{,}5\,\%}}$

Die Einwohnerzahl nimmt jährlich um ca. 2,5 % zu.

## Fachhochschulreife Mathematik (Berufskolleg Baden-Württemberg)
## Hauptprüfung 2018 – Analysisaufgaben (Teil 2): Aufgabe 3

Punkte

Gegeben sind die Funktionen f und g mit
$f(x) = -2e^{-0,5x} + 3$, $g(x) = -2\sin(0,5x) + 3$, $x \in \mathbb{R}$.
Das Schaubild von f ist $K_f$, das Schaubild von g ist $K_g$.

3.1 Berechnen Sie die Koordinaten der Achsenschnittpunkte von $K_f$.
Zeigen Sie, dass $K_f$ keine Extrempunkte und keine Wendepunkte besitzt.
Zeichnen Sie $K_f$ für $-2 \leq x \leq 6$.     9

3.2 Begründen Sie, dass $K_f$ und $K_g$ unendlich viele Schnittpunkte haben.

Das Schaubild $K_f$ wird so verschoben, dass es keine gemeinsamen Punkte mit $K_g$ hat.
Geben Sie einen passenden Funktionsterm an.

Kann $K_f$ so verschoben werden, dass es $K_g$ in einem Tiefpunkt berührt?
Begründen Sie.     6

3.3 Zeigen Sie, dass der Punkt $W(2\pi \mid 3)$ Wendepunkt von $K_g$ ist.
Bestimmen Sie die Gleichung der Tangente in W.     7

3.4 Johanna soll den Inhalt der in der Zeichnung schraffierten Fläche berechnen. Nur einer der Ansätze a bis c liefert das richtige Ergebnis.
Nennen Sie je ein Argument, warum die anderen beiden Ansätze falsch sind.

a) $A = \int_{\pi}^{5\pi} (-2\sin(0,5x) + 3) \, dx$

b) $A = \int_{\pi}^{5\pi} (-2\sin(0,5x) + 2) \, dx$

c) $A = \int_{\pi}^{3\pi} (-2\sin(0,5x) + 3 - 1) \, dx$

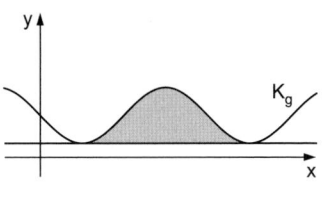

Berechnen Sie den gesuchten Flächeninhalt.     8

30

# Tipps und Hinweise

## Aufgabenteil 3.1

*Schnittpunkt mit der y-Achse*
- Bedingung: $x=0$
- Beachten Sie: $S_y(0\,|\,f(0))$

*Schnittpunkt mit der x-Achse*
- Bedingung: $f(x)=0$
  Lösen Sie die Gleichung $-2e^{-0,5x}+3=0$ nach x auf.

*Fehlende Extrem- und Wendepunkte*
- Berechnen Sie die erste Ableitung f' und die zweite Ableitung f''.
- Zeigen Sie, dass die Gleichung $f'(x)=0$ keine Lösung hat. (Somit gibt es keinen Extrempunkt.)
- Zeigen Sie, dass die Gleichung $f''(x)=0$ keine Lösung hat. (Somit gibt es keinen Wendepunkt.)

*Schaubild von f*
- Beachten Sie die Grenzen des Zeichenintervalls.
- Zeichnen Sie in ein Koordinatensystem die Nullstelle, den Schnittpunkt mit der y-Achse sowie einige Punkte (mithilfe der Wertetabellen-Funktion Ihres WTR) ein.
- Verbinden Sie diese Punkte.

## Aufgabenteil 3.2

*Unendlich viele Schnittpunkte*
- Skizzieren Sie die Schaubilder von f und g.
- Welche y-Werte kann die Funktion g annehmen?
- Beachten Sie die waagrechte Asymptote des Schaubildes von f.

*Verschiebung: keine Schnittpunkte*
- Betrachten Sie die Skizze in 3.2.
- Wie weit muss das Schaubild $K_f$ nach unten verschoben werden?
- Bestimmen Sie eine mögliche neue Funktionsgleichung $f_{neu}(x)=\ldots$

*Verschiebung: Berührung im Tiefpunkt*
- Welche Steigung muss die verschobene Kurve im „berührenden" Tiefpunkt haben?
- Welche Punkte der verschobenen Kurve von f kommen dafür nur infrage?
- Begründen Sie, weshalb dies nicht möglich ist.

## Aufgabenteil 3.3

*Wendepunkt*

- Für einen Wendepunkt gilt: $g''(x)=0$ und $g'''(x)\neq 0$
  Prüfen Sie diese beiden Bedingungen nach.
- Berechnen Sie $g(2\pi)$.

*Gleichung der Tangente im Wendepunkt*

- t: $y = mx + b$
- Berechnen Sie die Parameter m und b.
  Beachten Sie: $m = g'(2\pi)$

## Aufgabenteil 3.4

*Ansätze zur Flächenberechnung*

- Berechnen Sie die Periodenlänge.
- Welcher Ansatz ist somit falsch?
- Beachten Sie: Die schraffierte Fläche wird **nicht** von der x-Achse begrenzt.

*Berechnung des Flächeninhalts*

- Setzen Sie die beiden Grenzen in die Stammfunktion von Ansatz b ein und berechnen Sie mithilfe der Differenz den Inhalt der schraffierten Fläche.

## Lösung

### 3.1 Achsenschnittpunkte

Beachten Sie: Gesucht sind die gemeinsamen Punkte von $K_f$ und den **beiden** Koordinatenachsen. Beachten Sie auch den Operator „Berechnen".

**Schnittpunkt mit der y-Achse:** Bedingung $x = 0$
Mit $f(0) = -2e^{-0{,}5 \cdot 0} + 3 = -2 + 3 = 1$ folgt $S_y(0|1)$.

**Schnittpunkt mit der x-Achse:** Bedingung $f(x) = 0$

$$-2e^{-0{,}5x} + 3 = 0 \qquad |-3$$
$$-2e^{-0{,}5x} = -3 \qquad |:2$$
$$e^{-0{,}5x} = 1{,}5 \qquad |\ln()$$
$$-0{,}5x = \ln(1{,}5) \qquad |\cdot(-2)$$
$$x = -2\ln(1{,}5) \approx -0{,}81$$

$\Rightarrow \ N(-2\ln(1{,}5)\,|\,0)$

### Extrempunkte und Wendepunkte
Berechnung der ersten beiden Ableitungen:
$f(x) = -2e^{-0{,}5x} + 3; \quad f'(x) = e^{-0{,}5x}; \quad f''(x) = -0{,}5e^{-0{,}5x}$

**Nachweis, dass $K_f$ keine Extrempunkte besitzt**
Notwendige Bedingung für Extrempunkte: $f'(x) = 0$
$e^{-0{,}5x} = 0 \ \Rightarrow \ -0{,}5x = \ln(0)$, wobei $\ln(0)$ nicht definiert ist
Das bedeutet, dass $K_f$ keine Extrempunkte besitzt.

**Nachweis, dass $K_f$ keine Wendepunkte besitzt**
Notwendige Bedingung für Wendepunkte: $f''(x) = 0$
$-0{,}5e^{-0{,}5x} = 0 \ \Rightarrow \ e^{-0{,}5x} = 0 \ \Rightarrow \ -0{,}5x = \ln(0)$, wobei $\ln(0)$ nicht definiert ist
Das bedeutet, dass $K_f$ keine Wendepunkte besitzt.

### Schaubild von f
Das Schaubild ist nur für $-2 \leq x \leq 6$ zu zeichnen.
Wertetabelle:

| x | −2 | −1 | −0,81 (N) | 0 ($S_y$) | 1 |
|---|---|---|---|---|---|
| y | −2,44 | −0,30 | 0 | 1 | 1,79 |

| x | 2 | 3 | 4 | 5 | 6 |
|---|---|---|---|---|---|
| y | 2,26 | 2,55 | 2,73 | 2,84 | 2,90 |

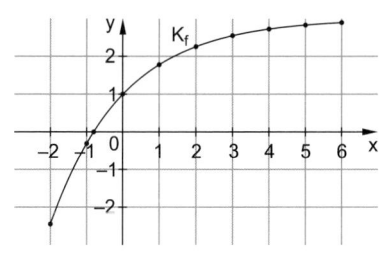

## 3.2 Unendlich viele Schnittpunkte

Die Gerade mit der Gleichung $y = 3$ ist waagrechte Asymptote von $K_f$.

Die Funktion g hat den Wertebereich $W = [1; 5]$ und ist periodisch.

Somit schneiden sich die beiden Schaubilder von f und g unendlich oft.

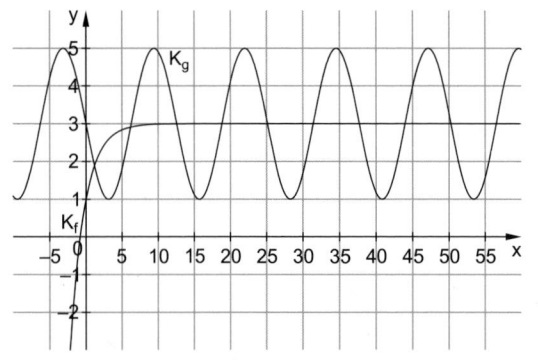

**Verschiebung: keine Schnittpunkte**

Möglich ist eine Verschiebung des Schaubildes von f zum Beispiel um 3 in y-Richtung nach unten. Ein passender Funktionsterm lautet:

$f_{neu}(x) = f(x) - 3 = -2e^{-0,5x} + 3 - 3 = \underline{\underline{-2e^{-0,5x}}}$

**Verschiebung: Berührung im Tiefpunkt**

Vorüberlegung: Für das Berühren im Tiefpunkt T gibt es drei Konstellationen. In jedem Fall muss das verschobene Schaubild im Berührpunkt eine waagrechte Tangente besitzen.

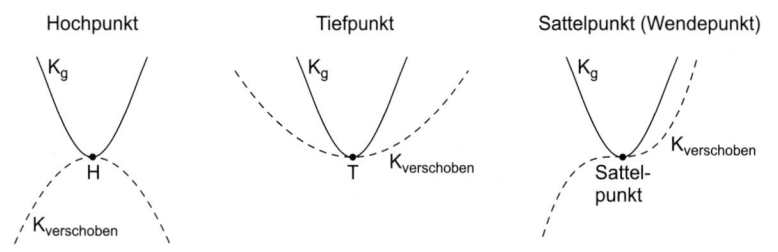

Hochpunkt — Tiefpunkt — Sattelpunkt (Wendepunkt)

Das Schaubild von $K_f$ hat keine Extrempunkte und keine Wendepunkte (siehe 3.1). Somit ist eine solche Verschiebung von $\underline{\underline{K_f \text{ nicht möglich.}}}$

## 3.3 Wendepunkt

Berechnung der ersten drei Ableitungen:

$g(x) = -2\sin(0,5x) + 3$
$g'(x) = -\cos(0,5x)$
$g''(x) = 0,5\sin(0,5x)$
$g'''(x) = 0,25\cos(0,5x)$

Es müssen die folgenden drei Bedingungen (1), (2) und (3) erfüllt sein.

Die Stelle $x = 2\pi$ ist Wendestelle. Somit:
(1) $g''(2\pi) = 0$
(2) $g'''(2\pi) \neq 0$

Die Koordinaten des Wendepunktes W sind $W(2\pi \mid 3)$. Somit:
(3) $g(2\pi) = 3$

Nachweise:

Zu (1)  $g''(2\pi) = 0{,}5\sin(0{,}5 \cdot 2\pi) = 0{,}5\underbrace{\sin(\pi)}_{=0} = 0$

Zu (2)  $g'''(2\pi) = 0{,}25\cos(0{,}5 \cdot 2\pi) = 0{,}25\underbrace{\cos(\pi)}_{=-1} = -0{,}25 \neq 0$

Zu (3)  $g(2\pi) = -2\sin(0{,}5 \cdot 2\pi) + 3 = -2\underbrace{\sin(\pi)}_{=0} + 3 = 3$

Damit ist gezeigt, dass $W(2\pi \mid 3)$ ein Wendepunkt ist.

**Gleichung der Tangente im Wendepunkt**

Lösung mithilfe der *Hauptform*
Tangente in W:
t: $y = mx + b$
Berechnung der Steigung:
$m = g'(2\pi) = -\cos(0{,}5 \cdot 2\pi) = -\underbrace{\cos(\pi)}_{=-1} = 1$

Punktprobe mit $W(2\pi \mid 3)$ ergibt:
$3 = 1 \cdot 2\pi + b \;\Rightarrow\; b = 3 - 2\pi$

Ergebnis: t: $\underline{\underline{y = x + 3 - 2\pi}}$

Lösung mithilfe der *Punkt-Steigung-Form*
Tangente in W:
t: $y = m \cdot (x - x_W) + y_W$
Berechnung der Steigung:
$m = g'(2\pi) = -\cos(0{,}5 \cdot 2\pi) = -\underbrace{\cos(\pi)}_{=-1} = 1$

Aus $W(2\pi \mid 3)$ erhält man:
$x_W = 2\pi$ und $y_W = 3$

Ergebnis: t: $y = 1 \cdot (x - 2\pi) + 3 = \underline{\underline{x + 3 - 2\pi}}$

3.4 **Ansätze zur Flächenberechnung**
Berechnung der Periode p:
$p = \dfrac{2\pi}{|b|} = \dfrac{2\pi}{0{,}5} = 4\pi$

Der *Ansatz c* ist falsch:
Die Periodenlänge beträgt $4\pi$. Durch die falsche obere Grenze wird nur ein Teil der schraffierten Fläche berechnet.

Der *Ansatz a* ist falsch:
Mit diesem Ansatz wird die Fläche zwischen $K_g$, der x-Achse und den beiden Geraden $x = \pi$ und $x = 5\pi$ berechnet.

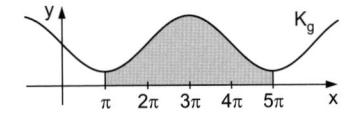

**Berechnung des Flächeninhaltes**

$$A = \int_{\pi}^{5\pi} (-2\sin(0{,}5x) + 2)\, dx = [4\cos(0{,}5x) + 2x]_{\pi}^{5\pi}$$

$$= \underbrace{4\cos(2{,}5\pi)}_{=0} + 10\pi - (\underbrace{4\cos(0{,}5\pi)}_{=0} + 2\pi) = 10\pi - 2\pi = 8\pi$$

Der Inhalt der Fläche beträgt $\underline{\underline{8\pi}}$.

## Fachhochschulreife Mathematik (Berufskolleg Baden-Württemberg)
## Hauptprüfung 2018 – Analysisaufgaben (Teil 2): Aufgabe 4

Punkte

4.1 Gegeben ist das Schaubild $K_h$ einer trigonometrischen Funktion h.
Untersuchen Sie, ob folgende Aussagen wahr oder falsch sind. Begründen Sie Ihre Entscheidung.
a) $h(-2,25) < 0$
b) $h'(-2,25) < 0$
c) $h''(-2,25) < 0$
d) $\int_{-2,25}^{0} h(x)\,dx < 0$

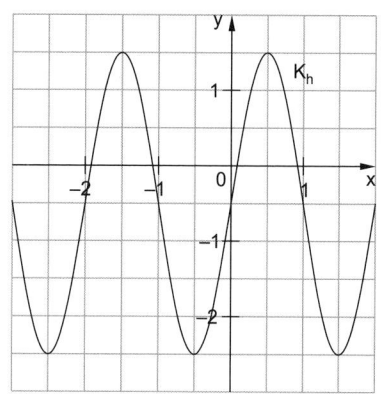

8

4.2 Die Abbildung zeigt das Schaubild einer trigonometrischen Funktion g mit dem Hochpunkt $H(0\,|\,3)$ und dem Tiefpunkt $T(4\,|\,-1)$.
Geben Sie einen möglichen Funktionsterm von g an.

Die Gerade mit der Gleichung $y = -x + 3$ verläuft durch die Punkte H und T.
Begründen Sie, dass Folgendes gilt:
$$\int_0^4 (g(x) - (-x+3))\,dx = 0$$

6

Gegeben ist die Funktion f durch $f(x) = \frac{1}{4}x^4 - \frac{3}{2}x^2 + \frac{9}{4}$, $x \in \mathbb{R}$.
Ihr Schaubild ist $K_f$.

4.3 Untersuchen Sie $K_f$ auf Symmetrie.
Berechnen Sie die Koordinaten der gemeinsamen Punkte von $K_f$ und der x-Achse.
Zeichnen Sie $K_f$ für $-2,5 \leq x \leq 2,5$.
Untersuchen Sie das Krümmungsverhalten von $K_f$.

13

4.4 Ermitteln Sie die Gleichung der Stammfunktion von f, deren Schaubild durch den Punkt $P(1\,|\,1)$ geht.

3

30

## Tipps und Hinweise

### Aufgabenteil 4.1
*Aussage a*
- Zeichnen Sie den Kurvenpunkt P(–2,25 | h(–2,25)) in das Aufgabenblatt ein.
- Betrachten Sie den y-Wert des Punktes P.

*Aussage b*
- Beachten Sie: h'(–2,25) ist die Steigung der Tangente im Kurvenpunkt P(–2,25 | h(–2,25)).

*Aussage c*
- Mithilfe der zweiten Ableitung von h kann man das Krümmungsverhalten der Kurve bestimmen.
- Welche Krümmung liegt an der Stelle x = –2,25 vor? Welches Vorzeichen hat somit der Wert von h''(–2,25)?

*Aussage d*
- Zeichnen Sie die Flächen zwischen $K_h$ und der x-Achse im Aufgabenblatt ein.
- Betrachten Sie den Inhalt der Flächen ober- und unterhalb der x-Achse.

### Aufgabenteil 4.2
*Funktionsterm von g*
- Ein Extrempunkt der Kurve liegt auf der y-Achse. Somit ist als Ansatz möglich: $g(x) = a \cdot \cos(bx) + c$

*Berechnung von c*
- Welcher Wert liegt genau zwischen dem y-Wert des Hochpunktes und dem y-Wert des Tiefpunktes der Kurve von g?
- Was folgt daraus für c?

*Berechnung von a*
- Welchen Abstand hat der Hochpunkt der Kurve von g zur mittleren Linie?
- Welchen Wert nimmt somit a an?

*Berechnung von b*
- Entnehmen Sie dem Schaubild den Wert der halben Periode.
- Welchen Wert p hat somit die Periode?
- Beachten Sie die Formel $p = \frac{2\pi}{b}$.
- Geben Sie die berechnete Funktionsgleichung an.

## Aufgabenteil 4.3

*Symmetrie*
- Berechnen Sie $f(-x) = \frac{1}{4}(-x)^4 - \frac{3}{2}(-x)^2 + \frac{9}{4}$.
- Was stellen Sie fest?
- Welche Symmetrie liegt somit vor?

*Gemeinsame Punkte mit der x-Achse*
- Die Nullstellen berechnet man durch Lösen der Gleichung $f(x) = 0$.
- Benutzen Sie die Substitution $x^2 = u$.

*Zeichnung von $K_f$*
- Eine Zeichnung ist keine Skizze.
- Beachten Sie: $-2{,}5 \leq x \leq 2{,}5$
- Tragen Sie die beiden Nullstellen (Tiefpunkte) und den Schnittpunkt der Kurve mit der y-Achse (Hochpunkt) in ein Koordinatensystem ein.
- Der WTR liefert (mithilfe der Wertetabellen-Funktion) weitere Kurvenpunkte (insbesondere die Randpunkte).
- Verbinden Sie sauber und sinnvoll (Kurve 4. Grades) diese Punkte.

*Krümmungsverhalten*
- Das Krümmungsverhalten der Kurve ändert sich in den Wendepunkten.
- Berechnen Sie die Wendestellen.
- Geben Sie die Intervalle, in denen das Schaubild links- bzw. rechtsgekrümmt ist, an.

## Aufgabenteil 4.4

*Gleichung der Stammfunktion F durch P*
- Beachten Sie: Eine Funktion f besitzt unendlich viele Stammfunktionen F (sofern sie überhaupt eine hat).
- Bestimmen Sie alle Stammfunktionen: $F(x) = \frac{1}{20}x^5 + \ldots + c$
- Punktprobe mit $P(1|1)$ und Auflösen nach c ergibt die Lösung.

# Lösung

4.1 **Aussage a**
Diese Aussage ist <u>wahr</u>.

Der Kurvenpunkt P hat näherungsweise die Koordinaten P(–2,25 | –1,8).
Somit ist $h(-2,25) \approx -1,8 < 0$.

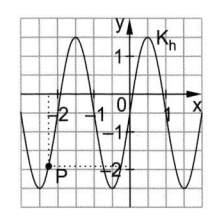

**Aussage b**
Diese Aussage ist <u>falsch</u>.

Die Steigung der Tangente in P ist positiv.
Somit ist $h'(-2,25) > 0$.

**Aussage c**
Diese Aussage ist <u>falsch</u>.

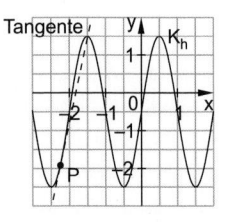

Ein Wendepunkt ist bei W(–2 | –0,5) (in der Mitte zwischen Tiefpunkt und nachfolgendem Hochpunkt).
Daher ist $K_h$ in $P(-2,25 | h(-2,25))$ linksgekrümmt.
Somit ist $h''(-2,25) > 0$.

**Aussage d**
Diese Aussage ist <u>wahr</u>.

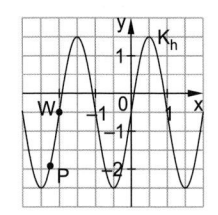

Die Fläche unterhalb der x-Achse (in der Grafik heller) ist viel größer als die Fläche oberhalb der x-Achse (in der Grafik dunkler).

Somit ist $\int\limits_{-2,25}^{0} h(x)\,dx < 0$.

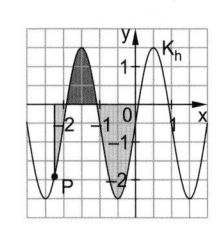

4.2 **Funktionsterm von g**
Der Hochpunkt des Schaubildes von g liegt auf der y-Achse.
Ansatz für die Funktionsgleichung:
$g(x) = a \cdot \cos(bx) + c$

Berechnung von c:
$\dfrac{y_H + y_T}{2} = \dfrac{3 + (-1)}{2} = \dfrac{2}{2} = 1 \;\Rightarrow\; c = 1$

Berechnung von a:
Die mittlere Linie (Gerade, auf der alle Wendepunkte liegen) hat die Gleichung $y = c = 1$. Der Abstand des Hochpunktes zur mittleren Linie beträgt 2, d. h. $a = 2$.

Berechnung von b:
Die halbe Periode beträgt 4, somit ist die Periode 8. Es kann $b > 0$ gewählt werden:

$$p = \frac{2\pi}{b} \Rightarrow 8 = \frac{2\pi}{b} \Rightarrow b = \frac{\pi}{4}$$

Ergebnis:

$$g(x) = 2 \cdot \cos\left(\frac{\pi}{4} x\right) + 1$$

**Begründung**
$K_g$ ist punktsymmetrisch zu $W(2\,|\,1)$.
Die Gerade verläuft durch den Hoch-, den Tief- und den Wendepunkt von $K_g$.
Somit ist der Inhalt der beiden eingezeichneten Flächen gleich groß. Es gilt also:

$$\int_0^2 (g(x) - (-x + 3))\, dx = -\int_2^4 (g(x) - (-x + 3))\, dx$$

$$\Rightarrow \int_0^4 (g(x) - (-x + 3))\, dx = 0$$

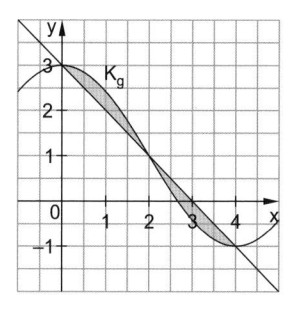

4.3 **Symmetrie**

$$f(-x) = \frac{1}{4}(-x)^4 - \frac{3}{2}(-x)^2 + \frac{9}{4} = \frac{1}{4}x^4 - \frac{3}{2}x^2 + \frac{9}{4} = f(x)$$

Ergebnis: Das Schaubild von f ist symmetrisch zur y-Achse.

*Alternative Lösung:* Da der Funktionsterm von f nur gerade Exponenten besitzt, ist das Schaubild von f symmetrisch zur y-Achse.

**Gemeinsame Punkte mit der x-Achse**
Bedingung: $f(x) = 0$

$$\frac{1}{4}x^4 - \frac{3}{2}x^2 + \frac{9}{4} = 0 \quad |\cdot 4$$

$$x^4 - 6x^2 + 9 = 0$$

Die Substitution $x^2 = u$ (daher $x^4 = (x^2)^2 = u^2$) ergibt:
$u^2 - 6u + 9 = 0$

Lösen durch Anwendung der p-q-Formel:
$$u_{1/2} = 3 \pm \sqrt{9-9} = 3$$

Rücksubstitution:

$u = x^2 = 3 \implies x_{1/2} = \pm\sqrt{3}$ (jeweils doppelt)

Gemeinsame Punkte von $K_f$ mit der x-Achse:
$\underline{\underline{N_{1/2}(\sqrt{3}\,|\,0) \text{ und } N_{3/4}(-\sqrt{3}\,|\,0)}}$

### Zeichnung von $K_f$

Beachten Sie die Randwerte, die Nullstellen (Tiefpunkte) und den Schnittpunkt mit der y-Achse.

Wertetabelle

| | Rand-<br>wert | | Tiefpunkt<br>$S_x$ | | Hochpunkt<br>$S_y$ | | Tiefpunkt<br>$S_x$ | | Rand-<br>wert |
|---|---|---|---|---|---|---|---|---|---|
| x | −2,5 | −2 | $-\sqrt{3} \approx -1{,}7$ | −1 | 0 | 1 | $\sqrt{3} \approx 1{,}7$ | 2 | 2,5 |
| y | 2,64 | 0,25 | 0 | 1 | 2,25 | 1 | 0 | 0,25 | 2,64 |

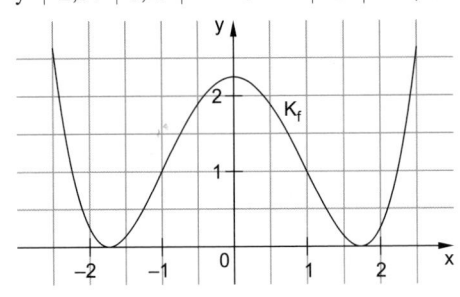

### Krümmungsverhalten

Das Krümmungsverhalten der Kurve ändert sich in den Wendepunkten.

Bis zum Wendepunkt $W_1$ ist das Schaubild linksgekrümmt.

Dann folgt bis zum Wendepunkt $W_2$ eine Rechtskrümmung.

Ab dem Wendepunkt $W_2$ ist das Schaubild von f wieder linksgekrümmt.

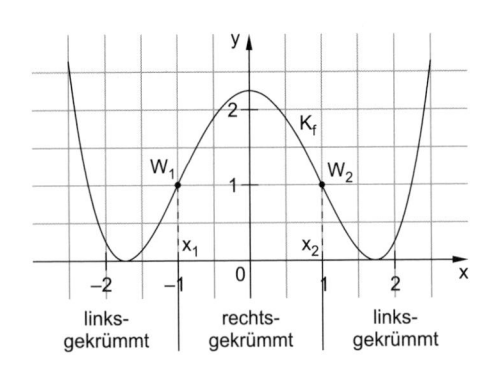

links- | rechts- | links-
gekrümmt | gekrümmt | gekrümmt

**Berechnung der Wendestellen**
Ableitungen:
$f(x) = \frac{1}{4}x^4 - \frac{3}{2}x^2 + \frac{9}{4};\quad f'(x) = x^3 - 3x;\quad f''(x) = 3x^2 - 3;\quad f'''(x) = 6x$

Bedingung für Wendepunkte: $f''(x) = 0$ und $f'''(x) \neq 0$

$3x^2 - 3 = 0 \quad |+3$
$\quad 3x^2 = 3 \quad |:3$
$\quad\quad x^2 = 1$
$\Rightarrow\ x_1 = -1;\ x_2 = 1$

Aus $f'''(-1) = 6 \cdot (-1) = -6$ und $f'''(1) = 6 \cdot 1 = 6$ folgt, dass $x_1 = -1$ und $x_2 = 1$ Wendestellen sind.

Ergebnis: $K_f$ ist linksgekrümmt für $x > 1$ und für $x < -1$. $K_f$ ist rechtsgekrümmt für $-1 < x < 1$.

### 4.4 Gleichung der Stammfunktion F durch P

Es gibt unendlich viele Stammfunktionen F der Funktion f.
Diese unterscheiden sich nur durch die additive Konstante c.

Ansatz:
$$F(x) = \frac{1}{20}x^5 - \frac{1}{2}x^3 + \frac{9}{4}x + c$$

Berechnung von c:
Das Schaubild der Stammfunktion F soll durch $P(1|1)$ verlaufen. Somit gilt:

$F(1) = 1$ und $F(1) = \frac{1}{20} \cdot 1^5 - \frac{1}{2} \cdot 1^3 + \frac{9}{4} \cdot 1 + c = \frac{9}{5} + c$

$\Rightarrow\ \frac{9}{5} + c = 1 \ \Rightarrow\ c = -\frac{4}{5}$

Ergebnis: $\underline{\underline{F(x) = \frac{1}{20}x^5 - \frac{1}{2}x^3 + \frac{9}{4}x - \frac{4}{5}}}$

**Fachhochschulreife Mathematik (Berufskolleg Baden-Württemberg)**
**Hauptprüfung 2019 – Pflichtteil (Teil 1): Aufgabe 1**

| | | Punkte |
|---|---|---|
| 1.1 | Lösen Sie die Gleichung $x^4 + 2x^2 - 16 = -1$. | 5 |

1.2 Gegeben ist das Schaubild einer Polynomfunktion f dritten Grades.
Entscheiden und begründen Sie, ob die folgenden Aussagen wahr oder falsch sind.

a) Das Schaubild der ersten Ableitungsfunktion von f ist eine nach unten geöffnete Parabel.

b) Das Schaubild einer neuen Funktion $f_{neu}(x) = f(x) + 1$ schneidet die x-Achse genau zweimal.

c) Das Schaubild einer Stammfunktion von f besitzt genau einen Wendepunkt.

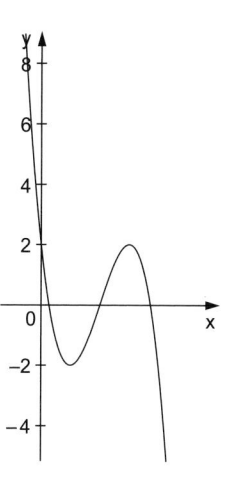

6

1.3 Gegeben ist eine Funktion g mit $g(x) = x^3 - 2x^2 + 16$, $x \in \mathbb{R}$.
Bestimmen Sie die Gleichung der Tangente an das Schaubild von g an der Stelle $x = 2$.

4

1.4 Berechnen Sie den Wert des Integrals $\int_0^{4 \cdot \ln(2)} e^{0,25x} \, dx$.

4

1.5 Die Funktion k ist gegeben durch $k(x) = 2e^{-x} - 1$, $x \in \mathbb{R}$.
Das Schaubild heißt K.
Geben Sie die Gleichung der Asymptote von K an.
Skizzieren Sie K.
In welchem Quadranten schließt K mit den Koordinatenachsen eine Fläche ein?

5

1.6 Eine Polynomfunktion p vom Grad 4 soll dieselben Nullstellen haben wie die Funktion h mit $h(x) = 3\sin(\pi x)$, $x \in [0; 3]$.
Weiterhin hat p an der Stelle $x = \frac{3}{2}$ den Funktionswert 3.
Bestimmen Sie einen Funktionsterm von p.

6

30

# Tipps und Hinweise

## Aufgabenteil 1.1
*Lösen der biquadratischen Gleichung*
- Beachten Sie: In dieser Gleichung 4. Grades kommen nur gerade Exponenten vor. Welche Operation führt daher zum Ziel?
- Ersetzen Sie $x^2$ durch u. Somit ist $x^4 = \ldots$?
- Lösen Sie die entstandene Gleichung $u^2 + 2u \ldots = -1$ nach u auf.
- Bestimmen Sie mithilfe der Rücksubstitution die beiden Lösungen für x.

## Aufgabenteil 1.2
*Aussage a*
- Markieren Sie die prägnanten Punkte (HP, TP, WP) des Schaubildes von f.
- Skizzieren Sie das Schaubild der Ableitungsfunktion. Beachten Sie:
  Ein Extrempunkt im Schaubild von f wird zu ......... im Schaubild von f'.
  Ein Wendepunkt im Schaubild von f wird zu ......... im Schaubild von f'.

*Aussage b*
- Wie entsteht das Schaubild von $f_{neu}$ aus dem Schaubild von f?
- Wo liegt somit der Tiefpunkt des Schaubildes von $f_{neu}$?
- Wie oft schneidet das verschobene Schaubild die x-Achse?

*Aussage c*
- Wenden Sie die NEW-Regeln an.
- Beachten Sie: Das Schaubild von f hat zwei Extrempunkte. Was können Sie damit für die Anzahl der Wendepunkte des Schaubildes von F schließen?

## Aufgabenteil 1.3
*Tangentengleichung*
- Bestimmen Sie die Koordinaten des Berührpunktes B. Beachten Sie: $B(2 \mid g(2))$
- Bestimmen Sie die Steigung der Tangente in B.
- Benutzen Sie die **Punkt-Steigungs-Form** oder die **Hauptform** einer Geradengleichung.

## Aufgabenteil 1.4
*Berechnung des Integrals*
- Beachten Sie: $\int_a^b f(x)\,dx = [F(x)]_a^b = F(b) - F(a)$

## Aufgabenteil 1.5

*Gleichung der Asymptote*
- Gegen welchen Wert strebt die Funktion k für $x \to \infty$?
- Welche Geradengleichung hat dann die waagrechte Asymptote?

*Skizze des Schaubildes von k*
- Wie entsteht das Schaubild von k mit $k(x) = 2e^{-x} - 1$ aus dem Schaubild der Funktion h mit $h(x) = e^x$?
  1. ...
  2. ...
  3. ...

*Lage der eingeschlossenen Fläche*
- Beachten Sie die Anordnung der Quadranten 1 bis 4.

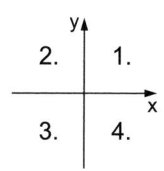

```
        y
   2. | 1.
   ---+---  x
   3. | 4.
```

## Aufgabenteil 1.6

*Bestimmung eines Funktionsterms von p*
- Bestimmen Sie zuerst die vier Nullstellen $x_1$, $x_2$, $x_3$, $x_4$ der trigonometrischen Funktion h im Intervall [0; 3].
- Produktform einer Polynomfunktion vom Grad 4:
  $p(x) = a \cdot (x - x_1) \cdot (x - x_2) \cdot (x - x_3) \cdot (x - x_4)$
- Mit $p(\frac{3}{2}) = 3$ lässt sich der Faktor a bestimmen.

## Lösung

### 1.1 Lösen der biquadratischen Gleichung

Substitution: In der Gleichung wird $x^2$ durch u ersetzt. Somit ist:

$$x^4 = (\underbrace{x^2}_{=u})^2 = u^2$$

Damit folgt:

$$\underbrace{x^4}_{=u^2} + 2\underbrace{x^2}_{=u} - 16 = -1 \quad | +1$$

$$u^2 + 2u - 15 = 0$$

Mit der p-q-Formel ergibt sich:

$$u_{1/2} = -1 \pm \underbrace{\sqrt{1+15}}_{=4} \;\Rightarrow\; \begin{cases} u_1 = 3 \\ u_2 = -5 \end{cases}$$

Rücksubstitution:

$$\begin{cases} u_1 = 3 = x^2 & \Rightarrow\; x_{1/2} = \pm\sqrt{3} \\ u_2 = -5 = x^2 & \Rightarrow\; x_{3/4} = \pm\sqrt{-5} \quad \text{keine Lösung} \end{cases}$$

Die Lösungen der Gleichung sind:

$$\underline{\underline{x_1 = \sqrt{3};\; x_2 = -\sqrt{3}}}$$

### 1.2 a) Die Aussage ist wahr.

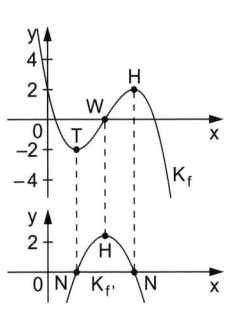

*Begründung:* In den Extrempunkten (H, T) von $K_f$ ist die Steigung der Tangenten 0. $\Rightarrow$ Nullstellen von $K_{f'}$.

Im Wendepunkt von $K_f$ ist die Steigung der Tangente maximal. $\Rightarrow$ Hochpunkt von $K_{f'}$.

*Alternative Begründung:* f ist eine Funktion dritten Grades. Das Schaubild von f verläuft vom 2. in den 4. Quadranten. Somit gilt:

$$f(x) = \underbrace{a}_{<0} x^3 + bx^2 + cx + d$$

Für die Ableitungsfunktion von f gilt also:

$$f'(x) = \underbrace{3a}_{<0} x^2 + 2bx + c$$

Das Schaubild der Ableitungsfunktion ist daher (vor dem $x^2$ steht eine negative Zahl) eine nach unten geöffnete Parabel 2. Ordnung.

b) Die Aussage ist falsch.

*Begründung:* $K_f$ ist das Schaubild von f. Dieses wird um eine LE in y-Richtung (nach oben) verschoben.

$K_f$ hat den Tiefpunkt $T(x_T|-2)$.

Das Schaubild der Funktion $f_{neu}$ hat somit den Tiefpunkt $T_{neu}(x_T|-1)$.

Somit schneidet das Schaubild von $f_{neu}$ die x-Achse dreimal.

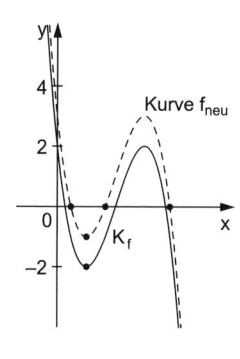

c) Die Aussage ist falsch.

*Begründung:* Das Schaubild von f hat genau 2 Extrempunkte.

NEW-Regel:

| Kurve von F: | N | E | W | | |
|---|---|---|---|---|---|
| Kurve von f: | | N | E | W | |
| Kurve von f': | | | N | E | W |

Somit hat das Schaubild jeder Stammfunktion von f genau 2 Wendepunkte.

## 1.3 Tangentengleichung

Funktion: $\quad g(x) = x^3 - 2x^2 + 16$

Erste Ableitung: $\quad g'(x) = 3x^2 - 4x$

Berührpunkt B: $\quad g(2) = 2^3 - 2 \cdot 2^2 + 16 = 16 \quad \Rightarrow \quad B(\underbrace{2}_{x_B} | \underbrace{16}_{y_B})$

Steigung m der Tangente: $g'(2) = 3 \cdot 2^2 - 4 \cdot 2 = 4 = m$

*1. Möglichkeit:* Punkt-Steigungs-Form

$y = m \cdot (x - x_B) + y_B$

$\underline{\underline{t: y = 4 \cdot (x - 2) + 16}}$

*2. Möglichkeit:* Hauptform

$y = m \cdot x + b$; mit $m = 4$ folgt:

$y = 4x + b$

Punktprobe mit $B(2|16)$ ergibt: $16 = 4 \cdot 2 + b \quad \Rightarrow \quad b = 8$

$\underline{\underline{t: y = 4x + 8}}$

## 1.4 Berechnung des Integrals

$$\int_0^{4\ln(2)} e^{0,25x}\, dx = \left[\frac{1}{0,25} e^{0,25x}\right]_0^{4\ln(2)} = \left[4e^{0,25x}\right]_0^{4\ln(2)} = 4e^{0,25 \cdot 4\ln(2)} - 4\underbrace{e^0}_{=1}$$

$$= 4\underbrace{e^{\ln(2)}}_{=2} - 4 = 8 - 4 = \underline{\underline{4}}$$

## 1.5 Skizze des Schaubildes von k

Schaubild der natürlichen Exponentialfunktion
$h(x) = e^x$

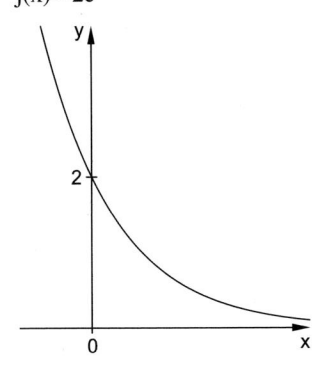

Spiegelung an der y-Achse
$i(x) = e^{-x}$

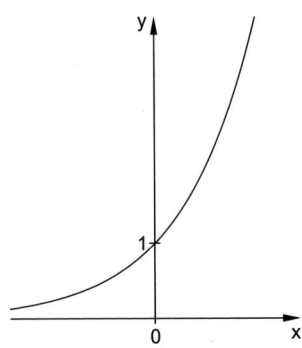

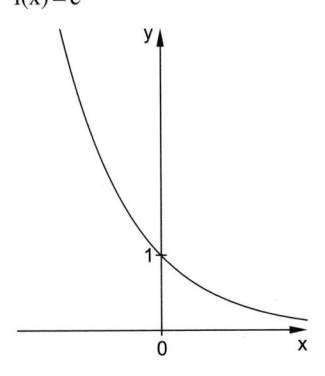

Streckung in y-Richtung mit dem Faktor 2
$j(x) = 2e^{-x}$

Verschiebung in y-Richtung um 1 LE nach unten
$k(x) = 2e^{-x} - 1$

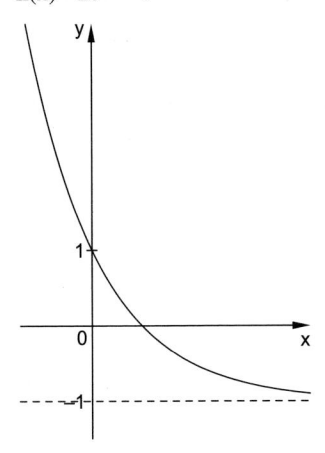

**Gleichung der Asymptote – Lage der eingeschlossenen Fläche**

Gleichung der waagrechten Asymptote: $\underline{y = -1}$

Die zwischen K und den Koordinatenachsen eingeschlossene Fläche befindet sich im 1. Quadranten.

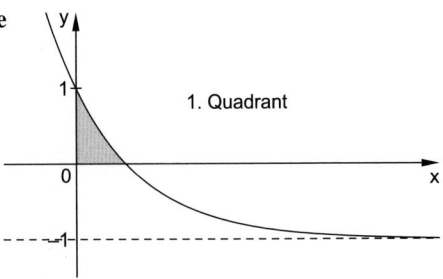

**1.6  Bestimmung der Nullstellen der trigonometrischen Funktion h**

Funktionsterm: $h(x) = 3\sin(\pi x)$

Periode: $p = \dfrac{2\pi}{|b|} = \dfrac{2\pi}{\pi} = 2$

Amplitude: 3

Nullstellen von h im vorgegebenen Intervall:
$x_1 = 0;\ x_2 = 1;\ x_3 = 2;\ x_4 = 3$

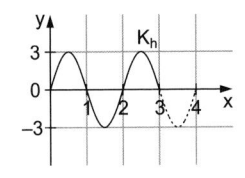

**Bestimmung eines Funktionsterms von p**

Ansatz: *Produktform*

$p(x) = a \cdot (x - x_1) \cdot (x - x_2) \cdot (x - x_3) \cdot (x - x_4)$

$p(x) = a \cdot (x - 0) \cdot (x - 1) \cdot (x - 2) \cdot (x - 3) = a \cdot x \cdot (x - 1) \cdot (x - 2) \cdot (x - 3)$

Mit $p(\tfrac{3}{2}) = 3$ folgt:

$3 = a \cdot \dfrac{3}{2} \cdot \left(\dfrac{3}{2} - 1\right) \cdot \left(\dfrac{3}{2} - 2\right) \cdot \left(\dfrac{3}{2} - 3\right) = a \cdot \dfrac{3}{2} \cdot \dfrac{1}{2} \cdot \left(-\dfrac{1}{2}\right) \cdot \left(-\dfrac{3}{2}\right) = a \cdot \dfrac{9}{16} \;\Rightarrow\; a = \dfrac{16}{3}$

Funktionsterm von p: $p(x) = \dfrac{16}{3} \cdot x \cdot (x - 1) \cdot (x - 2) \cdot (x - 3)$

*Alternative Lösung:* Gauß-Verfahren

Ansatz: $p(x) = ax^4 + bx^3 + cx^2 + dx + e$

Mit den berechneten Nullstellen $x_1 = 0;\ x_2 = 1;\ x_3 = 2;\ x_4 = 3$ und $p(\tfrac{3}{2}) = 3$ folgt:

$p(1) = 0 \;\Rightarrow\; a + b + c + d + e = 0$

$p(2) = 0 \;\Rightarrow\; 16a + 8b + 4c + 2d + e = 0$

$p(3) = 0 \;\Rightarrow\; 81a + 27b + 9c + 3d + e = 0$

$p\left(\dfrac{3}{2}\right) = 3 \;\Rightarrow\; \dfrac{81}{16}a + \dfrac{27}{8}b + \dfrac{9}{4}c + \dfrac{3}{2}d + e = 3$

$p(0) = 0 \;\Rightarrow\; e = 0$

Gauß-Verfahren:

$$\begin{pmatrix} 1 & 1 & 1 & 1 & 1 & | & 0 \\ 16 & 8 & 4 & 2 & 1 & | & 0 \\ 81 & 27 & 9 & 3 & 1 & | & 0 \\ \frac{81}{16} & \frac{27}{8} & \frac{9}{4} & \frac{3}{2} & 1 & | & 3 \\ 0 & 0 & 0 & 0 & 1 & | & 0 \end{pmatrix} \longrightarrow \begin{pmatrix} 1 & 0 & 0 & 0 & 0 & | & \frac{16}{3} \\ 0 & 1 & 0 & 0 & 0 & | & -32 \\ 0 & 0 & 1 & 0 & 0 & | & \frac{176}{3} \\ 0 & 0 & 0 & 1 & 0 & | & -32 \\ 0 & 0 & 0 & 0 & 1 & | & 0 \end{pmatrix}$$

Somit: $a = \dfrac{16}{3};\ b = -32;\ c = \dfrac{176}{3};\ d = -32;\ e = 0$

Funktionsterm von p: $p(x) = \dfrac{16}{3}x^4 - 32x^3 + \dfrac{176}{3}x^2 - 32x$

**Fachhochschulreife Mathematik (Berufskolleg Baden-Württemberg)**
**Hauptprüfung 2019 – Analysisaufgaben (Teil 2): Aufgabe 2**

Gegeben ist die Funktion f durch $f(x) = \frac{2}{27}x^4 - \frac{4}{3}x^2$ mit $x \in \mathbb{R}$. Ihr Schaubild ist $K_f$.

2.1 Untersuchen Sie $K_f$ auf Symmetrie.
Berechnen Sie die Koordinaten der Wendepunkte von $K_f$.
Zeichnen Sie $K_f$ für $-4 \leq x \leq 4$.    8

2.2 Die Gerade mit der Gleichung $x = u$ mit $0 \leq u \leq 4$ schneidet die x-Achse in Punkt A und $K_f$ in Punkt P. Der Ursprung O bildet mit A und P ein Dreieck.

   a) Veranschaulichen Sie dies für $u = 2$ im Schaubild aus 2.1.

   b) Bestimmen Sie u so, dass der Flächeninhalt des Dreiecks OPA maximal ist.    7

Gegeben sind die Funktion g durch $g(x) = 6e^{-\frac{1}{6}x} - 3$ mit $x \in \mathbb{R}$, ihr Schaubild $K_g$ und die Gerade t mit der Gleichung $y = -x + 3$.

2.3 Zeigen Sie, dass sich die Gerade t und $K_g$ im Schnittpunkt mit der y-Achse berühren.
Begründen Sie, warum $K_g$ und t keine weiteren gemeinsamen Punkte haben.    5

2.4 Berechnen Sie die Nullstelle von g.
Berechnen Sie den Inhalt der Fläche, die $K_g$ mit den Koordinatenachsen einschließt.    6

2.5 Gegeben ist das Schaubild $K_{h'}$ der Ableitungsfunktion h' einer Funktion h.
Bestätigen oder widerlegen Sie begründet folgende Aussagen.

   (1) $K_h$ hat an der Stelle $x = 2$ einen Hochpunkt.

   (2) $K_h$ ist für $1 \leq x \leq 2{,}5$ rechtsgekrümmt.    4

    30

## Tipps und Hinweise

**Aufgabenteil 2.1**

*Symmetrie*
- Welche Exponenten hat der Funktionsterm? Was können Sie daraus schließen?
- Alternativ:
  Gilt $f(x) = f(-x)$, so ist $K_f$ symmetrisch zur y-Achse.
  Gilt $f(x) = -f(-x)$, so ist $K_f$ punktsymmetrisch zum Ursprung.

*Wendepunkte*
- Bilden Sie die Ableitungsfunktionen f', f'', f'''.
- Das Lösen der Gleichung $f''(x) = 0$ führt auf die beiden Wendestellen $x_W$.
- Mit $f'''(x_W)$ und $f(x_W)$ ergeben sich die Wendepunkte.

*Zeichnung*
- Beachten Sie: Eine Zeichnung ist **keine** Skizze. Zur Bestimmung von Kurvenpunkten benutzen Sie die Table-Taste des WTR.

**Aufgabenteil 2.2**

*a) Einzeichnen des Dreiecks OPA*
- Markieren Sie im Koordinatensystem von 2.1 die Punkte $A(2|0)$ und $P(2|f(2))$.
- Zeichnen Sie das Dreieck OPA.

*b) maximaler Flächeninhalt*
- Flächeninhalt A eines Dreiecks: $A = \frac{1}{2} \cdot g \cdot h$
- Erstellen Sie die Zielfunktion $A(u) = \ldots$ in Abhängigkeit von u. Vorsicht: $f(u) < 0$
- Bestimmen Sie das relative Maximum mit Lösen der Gleichung $A'(u) = 0$.
- Vergleich mit den Randwerten führt zum gesuchten Wert von u.

**Aufgabenteil 2.3**

*Berühren der beiden Schaubilder*
- Berechnen Sie den Schnittpunkt von $K_g$ mit der y-Achse.
- Zeigen Sie, dass die Gerade t ebenfalls durch diesen Punkt verläuft. Untersuchen Sie die Steigungen der beiden Kurven in diesem Punkt.

*Begründung für keine weiteren gemeinsamen Punkte*
- Welche Krümmung hat die Kurve $K_g$?
- Mit welcher Ableitungsfunktion lässt sich dieses zeigen?

## Aufgabenteil 2.4

*Nullstelle von g*

Lösen Sie die Gleichung $g(x) = 0$ nach x auf.

*Flächeninhalt*

Beachten Sie: $\int_a^b g(x)\,dx = [G(x)]_a^b = G(b) - G(a)$

## Aufgabenteil 2.5

*(1) Hochpunkt an der Stelle $x = 2$*

Untersuchen Sie die Funktion h' auf Vorzeichenwechsel an der Stelle $x = 2$.

*(2) Rechtskrümmung des Schaubildes $K_h$*

Merkhilfe: $K_h$ ist linksgekrümmt, wenn $h''(x) > 0$ gilt.

# Lösung

## 2.1 Symmetrie

Funktionsterm: $f(x) = \frac{2}{27}x^4 - \frac{4}{3}x^2$

Alle Exponenten im Funktionsterm von f sind gerade. $\Rightarrow$ $K_f$ ist symmetrisch zur y-Achse.

*Alternative Lösung:*

$f(-x) = \frac{2}{27}(-x)^4 - \frac{4}{3}(-x)^2 = \frac{2}{27}x^4 - \frac{4}{3}x^2 = f(x)$

Da $f(x) = f(-x)$, ist das Schaubild $K_f$ achsensymmetrisch zur y-Achse.

## Wendepunkte

Ableitungen: $f'(x) = \frac{8}{27}x^3 - \frac{8}{3}x$; $f''(x) = \frac{8}{9}x^2 - \frac{8}{3}$; $f'''(x) = \frac{16}{9}x$

Bedingung: $f''(x) = 0$ und $f'''(x) \neq 0$

$f''(x) = 0 \Leftrightarrow \frac{8}{9}x^2 - \frac{8}{3} = 0 \quad | \cdot \frac{9}{8}$

$\Leftrightarrow x^2 = 3$

$\Leftrightarrow x_1 = \sqrt{3}$ oder $x_2 = -\sqrt{3}$

Aus $f'''(\sqrt{3}) = \frac{16}{9} \cdot \sqrt{3} \neq 0$ und $f(\sqrt{3}) = -\frac{10}{3}$ folgt: $\underline{\underline{W_1\left(\sqrt{3} \mid -\frac{10}{3}\right)}}$

Aus $f'''(-\sqrt{3}) = -\frac{16}{9} \cdot \sqrt{3} \neq 0$ und $f(-\sqrt{3}) = -\frac{10}{3}$ folgt: $\underline{\underline{W_2\left(-\sqrt{3} \mid -\frac{10}{3}\right)}}$

## Zeichnung

Wertetabelle:

| | | | $W_1$ | | N | | $W_2$ | | | |
|---|---|---|---|---|---|---|---|---|---|---|
| x | −4 | −3 | −2 | −√3 | −1 | 0 | 1 | √3 | 2 | 3 | 4 |
| f(x) | −2,4 | −6 | −4,1 | −3,3 | −1,3 | 0 | −1,3 | −3,3 | −4,1 | −6 | −2,4 |

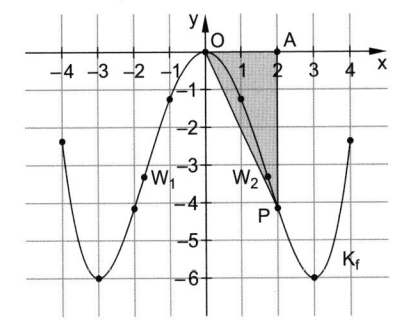

2.2 a) **Einzeichnen des Dreiecks OPA**
Siehe oben bei 2.1.

b) **Maximaler Flächeninhalt**

Fläche eines Dreiecks: $A = \frac{1}{2} \cdot g \cdot h$

Da $f(u) < 0$, folgt mit $g = u$ und $h = -f(u)$:

$A(u) = -\frac{1}{2} \cdot u \cdot f(u) = -\frac{1}{27} u^5 + \frac{2}{3} u^3$

Ableitungen:

$A'(u) = -\frac{5}{27} u^4 + 2u^2$;  $A''(u) = -\frac{20}{27} u^3 + 4u$

Bedingung für *relatives* Maximum: $A'(u) = 0$ und $A''(u) < 0$

$A'(u) = 0$

$-\frac{5}{27} u^4 + 2u^2 = 0 \quad | \cdot (-27)$

$5u^4 - 54u^2 = 0 \qquad$ Ausklammern

$u^2 \cdot (5u^2 - 54) = 0$

Satz vom Nullprodukt: $u_{1/2} = 0$ (Randwert); $u_3 = \sqrt{\frac{54}{5}}$; $u_4 = -\sqrt{\frac{54}{5}} \notin [0; 4]$

$A''\left(\sqrt{\frac{54}{5}}\right) \approx -13{,}1 < 0 \;\Rightarrow\;$ relatives Maximum für $u = \sqrt{\frac{54}{5}}$

Das *absolute* Maximum erhält man durch Vergleich mit den Randwerten des Intervalls [0; 4]:

$A(0) = 0$

$A\left(\sqrt{\frac{54}{5}}\right) \approx 9{,}5 \quad$ absolutes Maximum

$A(4) \approx 4{,}7$

*Ergebnis:* Für $u = \sqrt{\frac{54}{5}}$ ist der Flächeninhalt des Dreiecks OPA maximal.

2.3 **Berühren der beiden Schaubilder**

Funktion g mit $g(x) = 6e^{-\frac{1}{6}x} - 3 \;\Rightarrow\; g'(x) = -e^{-\frac{1}{6}x}$

Gerade t mit $t(x) = -x + 3 \;\Rightarrow\; t'(x) = -1$

Vorgehensweise:
(1) Berechnung des Schnittpunktes $S_y$ von $K_g$ mit der y-Achse
(2) Gemeinsamer Punkt, also: $g(0) = t(0)$
(3) Gleiche Steigung, also: $g'(0) = t'(0)$

zu (1) Schnittpunkt von $K_g$ mit der y-Achse:
$$g(0) = 6\underbrace{e^0}_{=1} - 3 = 3 \quad \Rightarrow \quad S_y(0|3)$$

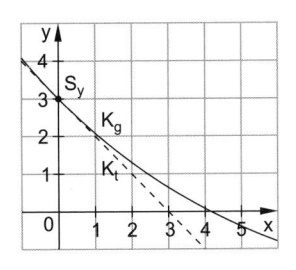

zu (2) Gemeinsamer Punkt
$$\left. \begin{array}{l} g(0) = 3 \\ t(0) = 3 \end{array} \right\} \Rightarrow S_y(0|3) \text{ ist gemeinsamer Punkt.}$$

zu (3) Gleiche Steigung
$$\left. \begin{array}{l} g'(0) = -1 \\ t'(0) = -1 \end{array} \right\} \Rightarrow \text{ gleiche Steigung}$$

Damit ist gezeigt, dass sich die Schaubilder von t und g im gesuchten Punkt $(0|3)$ berühren.

**Begründung für keine weiteren gemeinsamen Punkte**
Zu zeigen ist, dass die Kurve $K_g$ linksgekrümmt ist.
Merkhilfe: $K_g$ ist linksgekrümmt, wenn $g''(x) > 0$ gilt.
Zweite Ableitungsfunktion: $g''(x) = \dfrac{1}{6}\underbrace{e^{-\frac{1}{6}x}}_{> 0} > 0$

Somit existieren keine weiteren gemeinsamen Punkte.

2.4 **Nullstelle von g**
Bedingung: $g(x) = 0$

$6e^{-\frac{1}{6}x} - 3 = 0 \qquad |+3$

$6e^{-\frac{1}{6}x} = 3 \qquad |:6$

$e^{-\frac{1}{6}x} = 0{,}5 \qquad$ Logarithmieren

$-\dfrac{1}{6}x = \ln(0{,}5) \qquad |\cdot(-6)$

$x = -6\ln(0{,}5) = 6\ln(2)$

Nullstelle von g: $\underline{\underline{x = 6\ln(2) \approx 4{,}16}}$

**Flächeninhalt**

Stammfunktion G von g: $G(x) = -36e^{-\frac{1}{6}x} - 3x$

Berechnung des Integrals (mit dem WTR):

$$\int_0^{6\ln(2)} g(x)\,dx = [G(x)]_0^{6\ln(2)}$$

$$= \underbrace{G(6\ln(2))}_{\approx -30,48} - \underbrace{G(0)}_{=-36} \approx 5,52$$

Der gesuchte Inhalt der Fläche beträgt ca. 5,52.

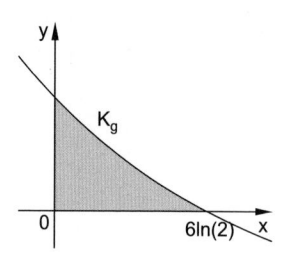

2.5 (1) Die Aussage ist wahr.

*Begründung:* An der Stelle $x = 2$ hat h' einen Vorzeichenwechsel von + nach –.

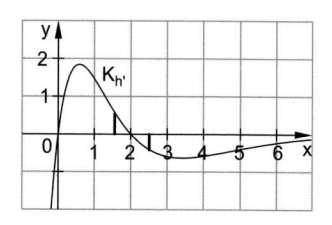

(2) Die Aussage ist wahr.

*Begründung:* Im Intervall [1; 2,5] fällt $K_{h'}$. Daher gilt:
$h''(x) = (h'(x))' < 0$

Somit ist $K_h$ in diesem Intervall rechtsgekrümmt.

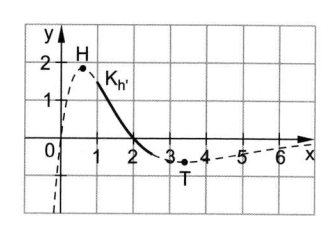

**Fachhochschulreife Mathematik (Berufskolleg Baden-Württemberg)**
**Hauptprüfung 2019 – Analysisaufgaben (Teil 2): Aufgabe 3**

Punkte

Gegeben ist die Funktion h mit $h(x) = -\cos(2x) + 0{,}5$, $x \in [0; \pi]$.
Ihr Schaubild heißt $K_h$.

3.1 Geben Sie den Wertebereich von $K_h$ an.
Berechnen Sie die Koordinaten der Schnittpunkte von $K_h$ mit der x-Achse.
Zeichnen Sie $K_h$.    9

3.2 Die Gerade mit der Gleichung $y = 0{,}5$ schließt mit $K_h$ eine Fläche ein.
Ermitteln Sie den Inhalt dieser Fläche.    6

3.3 Geben Sie jeweils einen veränderten Funktionsterm an, wenn

(1) das Schaubild von h an der x-Achse gespiegelt wird.

(2) das Schaubild von h um 2 nach unten verschoben wird.

(3) die Periode der neuen Funktion nun den Wert $\frac{\pi}{2}$ hat.    3

3.4 Gegeben ist die Funktion f mit $f(x) = a \cdot e^{0{,}5x} + bx + 1$, $x \in \mathbb{R}$ und $a, b \neq 0$.
Das Schaubild von f heißt $K_f$.
$K_f$ verläuft durch den Ursprung und hat bei $x = 2$ einen Hochpunkt.
Bestimmen Sie den Funktionsterm.
Geben Sie die Koordinaten des Hochpunktes und die Gleichung der Asymptote an.    6

3.5 Gegeben ist die Ableitungsfunktion g' einer Funktion g durch
$g'(x) = e^{\frac{1}{3}x} - 3$ mit $x \in \mathbb{R}$.
Berechnen Sie die Extremstelle von g.
Für welche x-Werte verläuft das Schaubild von g steigend?    6
   30

# Tipps und Hinweise

## Aufgabenteil 3.1

*Wertebereich*
- Der Wertebereich besteht aus allen Funktionswerten (y-Werten) der Funktion.
- Welche y-Werte hat die Funktion k(x) = cos(2x)?
- Eine Funktion hat den Wertebereich W = [–1; 1]. Nun wird das Schaubild der Funktion um 0,5 LE nach oben verschoben. Welchen Wertebereich hat das Schaubild jetzt?

*Schnittpunkte mit der x-Achse*
- An welcher Stelle hat das Schaubild von cos(x) den y-Wert 0,5?
- Schauen Sie in der Merkhilfe (in diesem Buch auf der Seite M-5) nach.
- Geben Sie in den WTR $\cos^{-1}(0,5)$ ein.
- Berechnen Sie die Lösungen mithilfe der Substitution.
- Berechnen Sie die Periode von h(x) = –cos(2x) + 0,5.
- Mithilfe der Periode $p = \pi$ erhält man eine weitere Lösung, die im Intervall [0; $\pi$] liegt.

*Zeichnung des Schaubildes*
- Für das Schaubild sollte die y-Achse von –1 ≤ y ≤ 2 reichen.
- Für das Schaubild sollte die x-Achse von 0 ≤ x ≤ 3,5 reichen.
- Überlegen Sie sich gut den Maßstab für x- und y-Achse, damit das Schaubild nicht zu klein wird.
- Empfehlung: 1 LE entspricht 2 cm auf der x- und auf der y-Achse.

## Aufgabenteil 3.2

- Zeichnen Sie die Gerade y = 0,5 in das Schaubild ein.
- Markieren Sie die gesuchte Fläche.
- Berechnen Sie die Schnittpunkte der beiden Schaubilder.
- Die Berechnung erfolgt mithilfe der Substitution.
- Die Fläche liegt zwischen zwei Schaubildern. Mithilfe der Differenzfunktion lässt sich die Fläche geschickt berechnen.
- Bei der Differenzfunktion gilt: „oben minus unten"
- d(x) = –cos(2x)
- Eine Stammfunktion von d(x) ist $D(x) = -\frac{1}{2}\sin(2x)$.
- Die Berechnung des Integrals erfolgt mit dem WTR.

## Aufgabenteil 3.3
- Eine Spiegelung an der x-Achse bedeutet, dass alle y-Werte das Vorzeichen wechseln.
- Für Spiegelung, Streckung und Verschiebung von Schaubildern: Siehe Merkhilfe.
- Benutzen Sie für die Änderung der Periode die Formel: $p = \frac{2\pi}{|b|}$

## Aufgabenteil 3.4
- Welche Koordinaten hat der Ursprung?
- Welche Gleichung erhalten Sie mit $f(0)=0$?
- Die Steigung im Hochpunkt ist …?
- Was bedeutet die Bedingung $f'(2)=0$?
- Vergessen Sie nicht, die Koordinaten des Hochpunktes anzugeben.
- Das Schaubild von $h(x)=e^x+1$ hat die Asymptote $y=1$.
- Das Schaubild von f hat eine schiefe Asymptote. Wie erkennen Sie das an der Funktionsgleichung?

## Aufgabenteil 3.5
- Die Funktionsgleichung $g(x)$ ist nicht notwendig für die Berechnung der Extremstelle.
- Für die Extremstelle berechnen Sie: $g'(x)=0$ und $g''(x)<0$ bzw. $g''(x)>0$
- Das Schaubild von $g(x)$ steigt monoton für $g'(x) \geq 0$ (siehe Merkhilfe).

**Lösung**

## 3.1 Wertebereich

Der Wertebereich von $K_{h*}$ mit $h*(x) = -\cos(2x)$ ist $W* = [-1; 1]$.

Der Wertebereich von $K_h$ mit $h(x) = -\cos(2x) + 0,5$ ($K_{h*}$ wird um 0,5 LE nach oben verschoben) ist also: $\underline{\underline{W = [-0,5; 1,5]}}$

**Schnittpunkte mit der x-Achse**

$h(x) = 0 \Rightarrow -\cos(2x) + 0,5 = 0 \Rightarrow \cos(2x) = 0,5$

Mit der Substitution $2x = u$ folgt:
$\cos(u) = 0,5$

*Lösungsweg 1 (siehe Merkhilfe):*

$u_1 = \dfrac{\pi}{3}$

Das Schaubild von $\cos(u)$ ist symmetrisch zur y-Achse:

$u_2 = -\dfrac{\pi}{3}$

*Lösungsweg 2 (mit dem WTR):*

$\cos^{-1}(0,5) = \dfrac{\pi}{3}$;

$u_1 = \dfrac{\pi}{3}$ und (siehe oben) $u_2 = -\dfrac{\pi}{3}$

Merkhilfe: $p = \dfrac{2\pi}{|b|} \Rightarrow p = \dfrac{2\pi}{2} \Rightarrow$ Periode $p = \pi$ für weitere Lösungen

Rücksubstitution:

$2x_1 = \dfrac{\pi}{3} \Rightarrow \underline{x_1 = \dfrac{\pi}{6}}$;

$2x_2 = -\dfrac{\pi}{3} \Rightarrow x_2 = -\dfrac{\pi}{6}$ ist nicht im Intervall $[0; \pi]$;

$x_1 \pm \pi$ ergibt keine weiteren Lösungen im Intervall $[0; \pi]$, aber $x_2 + \pi = \underline{\dfrac{5\pi}{6}}$ ist noch eine weitere Lösung.

*Lösung:* $\underline{\underline{N_1\left(\dfrac{\pi}{6} \,\middle|\, 0\right), \ N_2\left(\dfrac{5\pi}{6} \,\middle|\, 0\right)}}$

## Zeichnung des Schaubildes

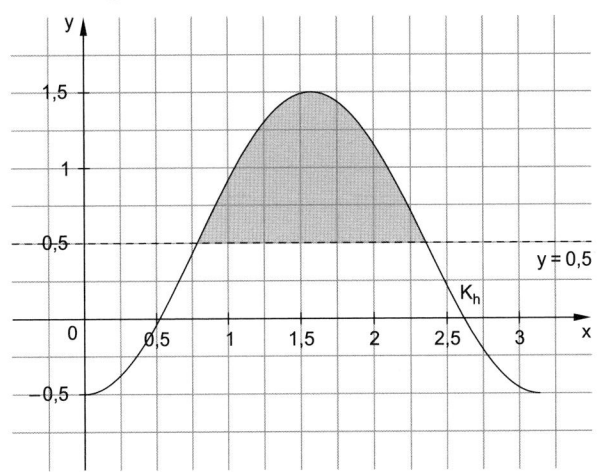

**3.2** Differenzfunktion d:
$d(x) = -\cos(2x) + 0{,}5 - 0{,}5 \implies d(x) = -\cos(2x)$

Stammfunktion D von d:

$D(x) = -\dfrac{1}{2}\sin(2x)$

Berechnung der Integrationsgrenzen: $h(x) = 0{,}5$
$-\cos(2x) + 0{,}5 = 0{,}5 \implies \cos(2x) = 0$

Mit der Substitution $2x = u$ folgt: $\cos(u) = 0$

Mithilfe des Graphen von $\cos(u)$ (siehe nebenstehende Skizze) ergibt sich:

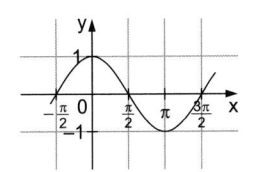

$\cos(u) = 0 \implies u_1 = \dfrac{\pi}{2};\ u_2 = \dfrac{3\pi}{2}$

Rücksubstitution:

$2x_1 = \dfrac{\pi}{2} \implies \underline{x_1 = \dfrac{\pi}{4}};\ 2x_2 = \dfrac{3\pi}{2} \implies \underline{x_2 = \dfrac{3\pi}{4}}$

Berechnung des Integrals (mit dem WTR):

$\displaystyle\int_{\frac{\pi}{4}}^{\frac{3\pi}{4}} d(x)\,dx = \left[D(x)\right]_{\frac{\pi}{4}}^{\frac{3\pi}{4}} = D\!\left(\dfrac{3\pi}{4}\right) - D\!\left(\dfrac{\pi}{4}\right) = \dfrac{1}{2} - \left(-\dfrac{1}{2}\right) = 1$

Der gesuchte Flächeninhalt zwischen den beiden Graphen beträgt 1 FE.

3.3 (1) $h_1(x) = -h(x) \Rightarrow \underline{\underline{h_1(x) = \cos(2x) - 0{,}5}}$

(2) $h_2(x) = h(x) - 2 \Rightarrow \underline{\underline{h_2(x) = -\cos(2x) - 1{,}5}}$

(3) $\underline{\underline{h_3(x) = -\cos(4x) + 0{,}5}}$

Merkhilfe: $p = \dfrac{2\pi}{|b|} \Rightarrow \dfrac{\pi}{2} = \dfrac{2\pi}{|b|} \Rightarrow b = 4$, weil $b > 0$ gewählt werden kann

3.4 $f(x) = a \cdot e^{0{,}5x} + bx + 1;\ f'(x) = 0{,}5a \cdot e^{0{,}5x} + b$
Bedingungen:
$f(0) = 0 \Rightarrow a + 1 = 0 \Rightarrow a = -1$
$f'(2) = 0 \Rightarrow 0{,}5a \cdot e + b = 0;$ mit $a = -1 \Rightarrow -0{,}5e + b = 0 \Rightarrow b = 0{,}5e$
$\underline{\underline{f(x) = -e^{0{,}5x} + 0{,}5e \cdot x + 1}}$

Berechnung der Koordinaten des Hochpunktes mit dem WTR: $f(2) = 1$
Die Koordinaten des Hochpunktes lauten: $\underline{\underline{H(2|1)}}$

Gleichung der schiefen Asymptote: $\underline{\underline{y = 0{,}5e \cdot x + 1}}$

3.5 Berechnung der zweiten Ableitung:
$g'(x) = e^{\frac{1}{3}x} - 3;\ g''(x) = \dfrac{1}{3} e^{\frac{1}{3}x}$

Extrempunkte: $g'(x) = 0$ und $g''(x) < 0$ (Hochpunkt) bzw. $g''(x) > 0$ (Tiefpunkt)
$g'(x) = 0 \Rightarrow e^{\frac{1}{3}x} - 3 = 0$
$\quad\quad\quad\quad\quad\ e^{\frac{1}{3}x} = 3$
$\quad\quad\quad\quad\quad\ \tfrac{1}{3}x = \ln(3)$
$\quad\quad\quad\quad\quad\ x = 3\ln(3) \approx 3{,}3$

$g''(3\ln(3)) = \dfrac{1}{3} \cdot 3 = 1 > 0$, also Tiefpunkt

Die Extremstelle des Tiefpunktes lautet: $\underline{\underline{x = 3\ln(3) \approx 3{,}3}}$

Das Schaubild von g verläuft steigend für $g'(x) > 0$.
Aus der Skizze des Schaubildes von g' (siehe rechts) liest man ab:
Für $x \geq 3\ln(3)$ ist das Schaubild von g steigend.

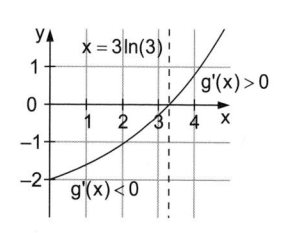

## Fachhochschulreife Mathematik (Berufskolleg Baden-Württemberg)
## Hauptprüfung 2019 – Analysisaufgaben (Teil 2): Aufgabe 4

| | | Punkte |
|---|---|---|
| 4.1 | Eine Polynomfunktion zweiten Grades verläuft durch die Punkte A(1\|2), B(2\|4) und C(–1\|4). Berechnen Sie einen Funktionsterm. | 6 |

Gegeben ist die Funktion g durch $g(x) = x^5 + x + 1$, $x \in \mathbb{R}$. Ihr Schaubild ist $K_g$.

| | | |
|---|---|---|
| 4.2 | Zeigen Sie, dass $K_g$ keine Extrempunkte besitzt. | 3 |
| 4.3 | Begründen Sie, dass $K_g$ im Bereich $-1 \leq x \leq 0$ eine Nullstelle hat. Ermitteln Sie näherungsweise die ersten beiden Nachkommastellen dieser Nullstelle. | 5 |
| 4.4 | Das Schaubild einer Stammfunktion G von g verläuft durch den Punkt P(1\|2,5). Bestimmen Sie einen Funktionsterm von G. | 4 |

Erfahrene Meteorologen sagen voraus, dass der Lufttemperaturverlauf (in °C) an einem bestimmten Ort in den nächsten 24 Stunden näherungsweise durch die Funktion T mit $T(t) = -8\cos\left(\frac{\pi}{12} \cdot t\right) + 6$; $t \geq 0$, t in Stunden, beschrieben werden kann. Dabei ist t = 0 um 6:00 Uhr.

| | | |
|---|---|---|
| 4.5 | Berechnen Sie, welche Höchst- bzw. Tiefsttemperatur nach diesem Modell in den nächsten 24 Stunden zu erwarten sind. Geben Sie alle Uhrzeiten an, zu welchen die Höchst- bzw. Tiefsttemperatur erreicht wird. | 4 |
| 4.6 | Bestimmen Sie die Werte von t, für die die Temperaturen über 0 °C liegen. | 4 |
| 4.7 | Ermitteln Sie die Uhrzeit, zu der der momentane Temperaturanstieg am größten ist. | 4 |
| | | 30 |

## Tipps und Hinweise

### Aufgabenteil 4.1
- Ansatz: $f(x) = ax^2 + bx + c$
- $f(1) = 2$; $f(2) = 4$; $f(-1) = 4$
- Lösen Sie das lineare Gleichungssystem mit dem Additionsverfahren.
- Vergessen Sie nicht, den Funktionsterm anzugeben.

### Aufgabenteil 4.2
- Siehe Merkhilfe: $g'(x) = 0$ und $g''(x) < 0$ (Hochpunkt) bzw. $g''(x) > 0$ (Tiefpunkt)
- Wenn $K_g$ keine Extrema besitzt, wird $g'(x) = 0$ keine Lösung haben.
- Überlegen Sie, ob die folgenden Gleichungen eine Lösung haben: $x^2 = -1$; $x^4 = -2$

### Aufgabenteil 4.3
- Berechnen Sie mit dem WTR die Punkte $A(-1|?)$ und $B(0|?)$ auf $K_g$.
- Wieso sollten die y-Werte unterschiedliche Vorzeichen haben?
- Nutzen Sie die Wertetabellen-Funktion Ihres WTR: Geben Sie den Funktionsterm in „table" ein und wählen Sie $-1$ für „Start" sowie $0{,}1$ für „Step".
- Versuchen Sie durch Probieren mit dem WTR, die Nullstelle möglichst gut anzunähern.
- Mit dem Newton-Verfahren haben Sie eine weitere Lösungsmöglichkeit, die Nullstelle anzunähern.
- Formel für das Newton-Verfahren:
$$x_{n+1} = x_n - \frac{f(x_n)}{f'(x_n)}; \quad \text{Startwert: } x_1 = -1$$

### Aufgabenteil 4.4
- Ermitteln Sie alle Stammfunktionen $G(x)$ („Aufleitungen") von $g(x)$.
- Setzen Sie den Punkt P in $G(x)$ ein.
- $G(1) = 2{,}5$

### Aufgabenteil 4.5
- Mithilfe des Wertebereichs können Sie die Höchst- bzw. Tiefsttemperatur angeben.
- Welche Bedeutung für das Schaubild hat bei $T(t)$ die „+6" am Ende des Terms?
- Die Periode p ist wichtig für die Ermittlung der „Hoch- und Tiefpunkte".
- Das Schaubild von $f(x) = -\cos(x)$ hat bei $x_1 = 0$ einen Tiefpunkt, bei $x_2 = \pi$ einen Hochpunkt und bei $x_3 = 2\pi$ wieder einen Tiefpunkt. Die Periode ist $p = 2\pi$.
- Wo liegen bei einem Schaubild wie oben, jedoch mit der Periode $p = 24$, die Hoch- bzw. Tiefpunkte?

**Aufgabenteil 4.6**
- Überlegen Sie sich einen Ansatz für die Fragestellung.
- Was bedeutet $T(t)=0$?
- Trigonometrische Gleichungen lösen Sie am besten mithilfe der Substitution.
- Benutzen Sie den WTR für die Lösung von $\cos(u) = \frac{3}{4}$.
- Mithilfe der Symmetrie des Schaubildes von $f(x)=\cos(x)$ erhalten Sie eine weitere Lösung der Gleichung.
- Vergessen Sie nicht den „Antwortsatz" bei der Anwendungsaufgabe.

**Aufgabenteil 4.7**
- Schauen Sie in der Merkhilfe nach, was der Begriff momentane/lokale Änderungsrate bedeutet.
- Die „Steigung" soll an der gesuchten Stelle am größten sein. Formulieren Sie einen Ansatz.
- Berechnen Sie den Hochpunkt von $T'(t)$.
- Nehmen Sie Stellung zu folgender Aussage: „Bei einem Wendepunkt ist die Steigung am größten oder am kleinsten." Richtig oder falsch?
- Erinnern Sie sich: Der Tiefpunkt liegt bei $x_1=0$ und der Hochpunkt bei $x_2=12$. Wo liegt dann der Wendepunkt?
- Der Wendepunkt liegt zwischen Tiefpunkt und Hochpunkt.
- Vergessen Sie nicht den „Antwortsatz" bei der Anwendungsaufgabe.

**Lösung**

4.1 Ansatz: $f(x) = ax^2 + bx + c$

Bedingungen: $f(1) = 2 \Rightarrow a + b + c = 2$
$f(2) = 4 \Rightarrow 4a + 2b + c = 4$
$f(-1) = 4 \Rightarrow a - b + c = 4$

Die erweiterte Koeffizientenmatrix wird aufgestellt und umgeformt:

$$\begin{pmatrix} 1 & 1 & 1 & | & 2 \\ 4 & 2 & 1 & | & 4 \\ 1 & -1 & 1 & | & 4 \end{pmatrix} \xrightarrow[I-III]{4 \cdot I - II} \begin{pmatrix} 1 & 1 & 1 & | & 2 \\ 0 & 2 & 3 & | & 4 \\ 0 & 2 & 0 & | & -2 \end{pmatrix} \xrightarrow{III - II} \begin{pmatrix} 1 & 1 & 1 & | & 2 \\ 0 & 2 & 3 & | & 4 \\ 0 & 0 & -3 & | & -6 \end{pmatrix}$$

Die Matrix wurde auf Stufenform gebracht.

$-3c = -6 \Rightarrow c = 2$; eingesetzt in II ergibt:
$2b + 3 \cdot 2 = 4 \Rightarrow b = -1$; eingesetzt in I ergibt:
$a - 1 + 2 = 2 \Rightarrow a = 1$

*Lösung:* $f(x) = x^2 - x + 2$

4.2 Berechnung der ersten Ableitung:
$g'(x) = 5x^4 + 1$
Extrempunkte: $g'(x) = 0$ und $g''(x) < 0$ (Hochpunkt) bzw. $g''(x) > 0$ (Tiefpunkt)
$g'(x) = 0 \Rightarrow 5x^4 + 1 = 0 \Rightarrow 5x^4 = -1$
Diese Gleichung hat keine Lösung.
Damit ist gezeigt, dass das Schaubild von g keine Extrempunkte hat.

4.3 $g(-1) = -1$ und $g(0) = 1$

Bei den y-Werten liegt ein Vorzeichenwechsel von – nach + vor; zwischen –1 und 0 muss mindestens eine Nullstelle liegen (siehe Schaubild rechts).

Es gibt mehrere Lösungsmöglichkeiten zur Berechnung eines Näherungswerts.

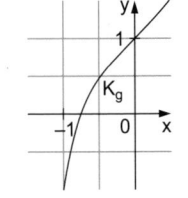

*Alternative 1:* mit dem Newton-Verfahren

$$x_{n+1} = x_n - \frac{g(x_n)}{g'(x_n)}; \quad \text{Startwert: } x_1 = -1$$

Mögliche Eingabe in den WTR: $\text{Ans} - \dfrac{\text{Ans}^5 + \text{Ans} + 1}{5\text{Ans}^4 + 1}$

Mit dem WTR ergibt sich (gerundet auf die 5. Stelle nach dem Komma):

$x_2 = -\dfrac{5}{6}$; $x_3 \approx -0{,}76438$; $x_4 \approx -0{,}75502$; $x_5 \approx -0{,}75488$; $x_6 \approx -0{,}75488$

*Alternative 2:* experimentell (oder mit dem Halbierungsverfahren)
Mit dem WTR wird eine Wertetabelle erstellt, wobei die Schrittweite sukzessive von 0,1 über 0,01 auf 0,001 verringert wird:

| x | g(x) |
|---|---|
| −0,8 | −0,12768 |
| −0,7 | 0,13193 |

| x | g(x) |
|---|---|
| −0,76 | −0,01355 |
| −0,75 | 0,01270 |

| x | g(x) |
|---|---|
| −0,755 | −0,00032 |
| −0,754 | 0,00230 |

*Lösung:* $x \approx -0{,}75$

4.4 Stammfunktionen von $g(x) = x^5 + x + 1$:

$$G(x) = \frac{1}{6}x^6 + \frac{1}{2}x^2 + x + c$$

Punkt $P(1 \mid 2{,}5)$ in G eingesetzt ergibt:

$$G(1) = 2{,}5 \Rightarrow \frac{1}{6} + \frac{1}{2} + 1 + c = \frac{5}{2} \Rightarrow c = \frac{5}{6}$$

*Lösung:* $G(x) = \frac{1}{6}x^6 + \frac{1}{2}x^2 + x + \frac{5}{6}$

4.5 Wertebereich:

$$T^*(t) = -8\cos\left(\frac{\pi}{12}t\right) \Rightarrow W = [-8;\, 8]$$

$$T(t) = -8\cos\left(\frac{\pi}{12}t\right) + 6 \Rightarrow W = [-2;\, 14]$$

*Bemerkung:* Mit dem Wertebereich erhält man die Tiefsttemperatur von −2 °C und die Höchsttemperatur von 14 °C.

Da das Schaubild an der x-Achse gespiegelt und nicht in Richtung der x-Achse verschoben ist, liegt der „Tiefpunkt" bei $t = 0$.

Da die Periode $p = 24$ ist, liegt bei $t = 12$ ein „Hochpunkt".

*Alternative zum Wertebereich:* Bestimmung der Extrempunkte mit dem WTR
$T_1(0 \mid -2)$; $H(12 \mid 14)$; $T_2(24 \mid -2)$

*Ergebnis:* Die Tiefsttemperatur von −2 °C wird nach diesem Modell um 6:00 Uhr und um 6:00 Uhr am Folgetag erreicht. Die Höchsttemperatur von 14 °C wird um 18:00 Uhr erreicht.

4.6 Berechnung der Nullstellen:
$$T(t)=0 \implies -8\cos\left(\frac{\pi}{12}t\right)+6=0 \implies \cos\left(\frac{\pi}{12}t\right)=\frac{3}{4}$$

Mit der Substitution $\frac{\pi}{12}t = u$ folgt:
$$\cos(u) = \frac{3}{4}$$

Mit dem WTR:
$$\cos^{-1}\left(\frac{3}{4}\right) \approx 0{,}723$$

Weil das Schaubild von cos(u) symmetrisch zur y-Achse ist, gibt es zwei Lösungen:
$u_1 \approx 0{,}723;\ u_2 \approx -0{,}723$

Rücksubstitution:
$$\frac{\pi}{12}t_1 \approx 0{,}723 \implies \underline{t_1 \approx 2{,}76};$$
$$\frac{\pi}{12}t_2 = -0{,}723 \implies t_2 \approx -2{,}76 \text{ ist nicht im Intervall } [0;\ 24];$$

Mit der Periode p = 24: $\underline{t_2 + 24 \approx 21{,}24}$

*Ergebnis:* Die Temperaturen liegen für $\underline{2{,}76 < t < 21{,}24}$ über 0 °C.

4.7 Der momentane Temperaturanstieg ist am größten, wenn T'(t) am größten ist.

Allgemein gilt: Am Wendepunkt ist die Steigung am größten (bzw. kleinsten).

Der Wendepunkt mit positiver Steigung liegt zwischen Tiefpunkt und Hochpunkt an der Stelle t = 6.

Der Temperaturanstieg ist nach diesem Modell um $\underline{12:00}$ Uhr am größten.

## Fachhochschulreife Mathematik (Berufskolleg Baden-Württemberg)
## Hauptprüfung 2020 – Pflichtteil (Teil 1): Aufgabe 1

|  |  | Punkte |
|---|---|---|
| 1.1 | Berechnen Sie die zweite Ableitung der Funktion h mit $h(x) = \frac{1}{12}x^4 - \frac{1}{2}x^3 - 2x^2$, $x \in \mathbb{R}$. Berechnen Sie die Nullstellen der zweiten Ableitung h". | 6 |
| 1.2 | Gegeben ist die Funktion f mit $f(x) = \sin(\pi x) + 2$; $-2 \leq x \leq 2$. Geben Sie die Periode und die Amplitude von f an. Skizzieren Sie das Schaubild der Funktion. | 5 |
| 1.3 | Lösen Sie die Gleichung $2e^{-3x} - 7 = 0$. | 3 |
| 1.4 | Zeigen Sie, dass das folgende lineare Gleichungssystem unendlich viele Lösungen hat. $$x_1 + 3x_2 - x_3 = 4$$ $$2x_1 + x_2 + x_3 = 7$$ $$2x_1 - 4x_2 + 4x_3 = 6$$ | 6 |
| 1.5 | Begründen Sie jeweils, warum keines der beiden Schaubilder zur Funktion f mit $f(x) = x \cdot (x-2)^2$, $x \in \mathbb{R}$ gehören kann. | 4 |
| 1.6 | Gegeben sind eine Parabel mit der Gleichung $y = x^2 + 4$ und eine Gerade mit der Gleichung $y = 8$. Skizzieren Sie die Parabel und die Gerade. Berechnen Sie den Inhalt der Fläche, die von der Parabel und der Gerade eingeschlossen wird. | 6 |
|  |  | 30 |

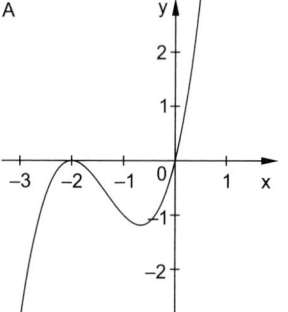

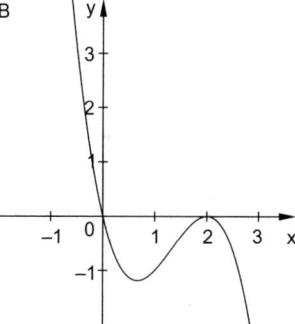

# Tipps und Hinweise

## Aufgabenteil 1.1
*Ableitungen*
- Ableitung: „Hochzahl nach vorne schreiben und dann die Hochzahl um eins vermindern"

*Nullstellen*
- $h''(x) = 0$ ist eine Gleichung 2. Grades.
- Benutzen Sie die p-q-Formel zur Lösung.

## Aufgabenteil 1.2
*Periode und Amplitude*
- Amplitude: Welche Zahl steht als Faktor vor dem $\sin(\pi x)$?
- Benutzen Sie folgende Formel zur Berechnung der Periode: $p = \frac{2\pi}{|b|}$

*Skizze*
- Nutzen Sie für die Skizze die Amplitude und die Periode sowie die Kenntnis, dass das Schaubild um 2 LE nach oben verschoben ist.
- Wo hat das Schaubild von $f(x) = \sin(x)$ mit der Periode $p = 2\pi$ Hochpunkte?
- Wo hat das Schaubild von $f(x) = \sin(\pi x)$ mit der Periode $p = 2$ Hochpunkte?

## Aufgabenteil 1.3
- Welche Lösungswege kennen Sie, um Exponentialgleichungen zu lösen?
- Vereinfachen Sie so lange, bis rechts vom Gleichheitszeichen eine Zahl und links vom Gleichheitszeichen eine Potenz von e steht.
- Vereinfachen Sie $\ln(e^{-3x})$.

## Aufgabenteil 1.4
- Versuchen Sie, das „Additionsverfahren" anzuwenden.
- Multiplizieren Sie die erste Zeile mit (–2) und addieren Sie das Ergebnis zur zweiten Zeile.
- Multiplizieren Sie die erste Zeile mit (–2) und addieren Sie das Ergebnis zur dritten Zeile.
- Nur noch ein Rechenschritt und Sie sind am Ziel.
- Versuchen Sie mit der zweiten und der dritten Zeile, weitere „Nullen" zu erzeugen.
- Welche Lösung erhalten Sie, wenn in der dritten Zeile nur „Nullen" vorkommen?

**Aufgabenteil 1.5**
- Welche Nullstellen hat das Schaubild von A?
- Kennen Sie noch weitere Merkmale eines Schaubildes?
- *Alternativ:* Berechnen Sie f(–1).

**Aufgabenteil 1.6**
*Skizze*
- Skizzieren Sie die Normalparabel.
- Verschieben Sie die Normalparabel um 4 LE nach oben.

*Flächeninhalt*
- Lösen Sie folgende Gleichung: $x^2 + 4 = 8$
- Der gesuchte Flächeninhalt wird von zwei Schaubildern eingeschlossen.
- Überlegen Sie sich eine Stammfunktion von $f(x) = x^2$.
- Antwortsatz nicht vergessen.

# Lösung

### 1.1 Ableitungen
Die ersten beiden Ableitungen der Funktion h sind:
$$h'(x) = \frac{1}{3}x^3 - \frac{3}{2}x^2 - 4x; \quad \underline{\underline{h''(x) = x^2 - 3x - 4}}$$

**Nullstellen**
Berechnung der Nullstellen von $h''(x)$:
$$h''(x) = 0 \implies x^2 - 3x - 4 = 0$$
Mit der p-q-Formel ergibt sich:
$$x_{1/2} = \frac{3}{2} \pm \sqrt{\frac{9}{4} + 4} = \frac{3}{2} \pm \sqrt{\frac{25}{4}} = \frac{3}{2} \pm \frac{5}{2} \implies \begin{cases} x_1 = 4 \\ x_2 = -1 \end{cases}$$
Die Nullstellen sind:
$$\underline{\underline{x_1 = 4; \quad x_2 = -1}}$$

### 1.2 Periode und Amplitude
Funktionsterm: $f(x) = \sin(\pi x) + 2; \; -2 \leq x \leq 2$
Amplitude: $\underline{\underline{a = 1}}$
Periode: $p = \dfrac{2\pi}{|b|} = \dfrac{2\pi}{\pi} = \underline{\underline{2}}$

**Skizze**

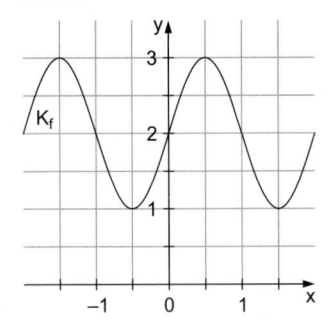

### 1.3
$$2e^{-3x} - 7 = 0$$
$$2e^{-3x} = 7$$
$$e^{-3x} = 3{,}5 \quad \quad |\ln()$$
$$\ln(e^{-3x}) = \ln(3{,}5)$$
$$-3x = \ln(3{,}5)$$
$$\underline{\underline{x = -\frac{1}{3}\ln(3{,}5)}}$$

1.4 $\begin{pmatrix} 1 & 3 & -1 & | & 4 \\ 2 & 1 & 1 & | & 7 \\ 2 & -4 & 4 & | & 6 \end{pmatrix} \xrightarrow[\text{III} - 2 \cdot \text{I}]{\text{II} - 2 \cdot \text{I}} \begin{pmatrix} 1 & 3 & -1 & | & 4 \\ 0 & -5 & 3 & | & -1 \\ 0 & -10 & 6 & | & -2 \end{pmatrix} \xrightarrow{\text{III} - 2 \cdot \text{II}} \begin{pmatrix} 1 & 3 & -1 & | & 4 \\ 0 & -5 & 3 & | & -1 \\ 0 & 0 & 0 & | & 0 \end{pmatrix}$

Daraus folgt, dass das lineare Gleichungssystem unendlich viele Lösungen hat, wobei die Variable $x_3$ (bzw. $x_2$) frei wählbar ist.

1.5 **Schaubild A**
Bei Schaubild A ist eine doppelte Nullstelle bei $x = -2$ zu erkennen. Die doppelte Nullstelle von f liegt jedoch bei $x = 2$.

**Schaubild B**
Bei Schaubild B streben für $x \to -\infty$ die y-Werte gegen $+\infty$. Beim Schaubild von f streben für $x \to -\infty$ die y-Werte aber gegen $-\infty$.

*Alternativ:* Es ist $f(-1) = -1 \cdot (-3)^2 = -9$. Bei beiden Schaubildern A und B ist dies nicht der Fall.

1.6 **Skizze**
In der nebenstehenden Abbildung ist die Fläche, deren Inhalt zu berechnen ist, grau getönt.

**Flächeninhalt**
Bestimmung der Integrationsgrenzen:
$x^2 + 4 = 8 \implies x^2 = 4 \implies x_1 = -2; \; x_2 = 2$

Differenzfunktion:
$d(x) = 8 - x^2 - 4 = 4 - x^2$

Integration:
$\int_{-2}^{2} (4 - x^2) \, dx = \left[ 4x - \frac{1}{3} x^3 \right]_{-2}^{2}$

$= 8 - \frac{8}{3} - \left( -8 + \frac{8}{3} \right)$

$= 16 - \frac{16}{3} = \frac{32}{3}$

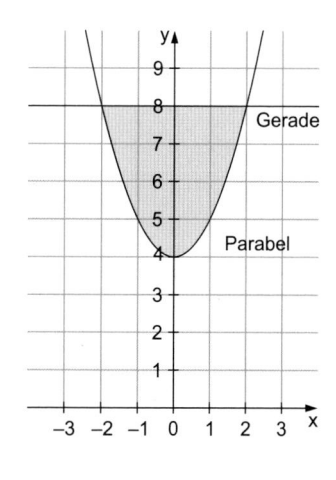

*Alternativ:* Ausnutzung der Achsensymmetrie zur y-Achse

$2 \cdot \int_{0}^{2} (4 - x^2) \, dx = 2 \cdot \left[ 4x - \frac{1}{3} x^3 \right]_{0}^{2} = 2 \cdot \left( 8 - \frac{8}{3} - (0 - 0) \right) = 2 \cdot \frac{16}{3} = \frac{32}{3}$

Der gesuchte Flächeninhalt beträgt $\frac{32}{3}$ FE.

## Fachhochschulreife Mathematik (Berufskolleg Baden-Württemberg)
## Hauptprüfung 2020 – Analysisaufgaben (Teil 2): Aufgabe 2

| | | Punkte |
|---|---|---|
| | Gegeben ist die Funktion f mit $f(x) = \frac{1}{4}x^4 + \frac{1}{3}x^3 - x^2$, $x \in \mathbb{R}$. Das Schaubild ist $K_f$. | |
| 2.1 | Berechnen Sie die Koordinaten der Hoch- und Tiefpunkte von $K_f$. Zeichnen Sie $K_f$ für $-3 \leq x \leq 2$. | 9 |
| 2.2 | Ermitteln Sie die Gleichung der Tangente an $K_f$ im Punkt $P(2\,|\,f(2))$ und die Koordinaten des Schnittpunktes dieser Tangente mit der x-Achse. | 4 |

Gegeben ist das Schaubild $K_g$ einer Funktion g.

| 2.3 | Markieren Sie im Schaubild (**siehe Lösungsblatt**) zwei Werte für u mit $u \geq -1$, welche die Gleichung $\int_{-1}^{u} g(x)\,dx = 11$ näherungsweise lösen. Erläutern Sie Ihr Vorgehen. | 4 |

Ein Unternehmen produziert Betriebssysteme für Smartphones. Alle Smartphone-Besitzer können diese Betriebssysteme nutzen. Im September 2019 veröffentlichte das Unternehmen das Betriebssystem 4.0 als Nachfolger des Betriebssystems 3.0. Weitere Betriebssysteme sind ebenfalls am Markt und werden genutzt.

Die Funktion g mit $g(t) = -80 \cdot e^{-0{,}023 \cdot t} + 80$, $t \geq 0$ beschreibt durch g(t) den Anteil der 4.0-Nutzer in Prozent zum Zeitpunkt t.
Dabei ist t die Zeit in Tagen, t = 0 entspricht dem 1. September 2019.

| 2.4 | Skizzieren Sie das Schaubild von g. Wie viel Prozent der Smartphone-Besitzer werden niemals 4.0 nutzen? Ermitteln Sie den Anteil der 4.0-Nutzer nach 60 Tagen. Zu welchem Zeitpunkt hat die Hälfte der Smartphone-Besitzer 4.0 installiert? | 8 |
| 2.5 | Die Funktion h mit $h(t) = a \cdot e^{b \cdot t} + 15$, $t \geq 0$, $a, b, c \neq 0$ beschreibt durch h(t) den Anteil der 3.0-Nutzer in Prozent zum Zeitpunkt t. Dabei ist t die Zeit in Tagen, t = 0 entspricht dem 1. September 2019. <br> • 75 % der Smartphone-Besitzer verwendeten 3.0 zum Zeitpunkt t = 0. <br> • 30 Tage nach der Einführung von 4.0 war der Nutzeranteil beider Betriebssysteme gleich. <br> Bestimmen Sie die Werte für a und b. | 5 |
| | | 30 |

**Lösungsblatt zu Aufgabe 2.3:**

Gegeben ist das Schaubild $K_g$ einer Funktion g. Markieren Sie im Schaubild zwei Werte für u mit $u \geq -1$, welche die Gleichung $\int_{-1}^{u} g(x)\,dx = 11$ näherungsweise lösen.

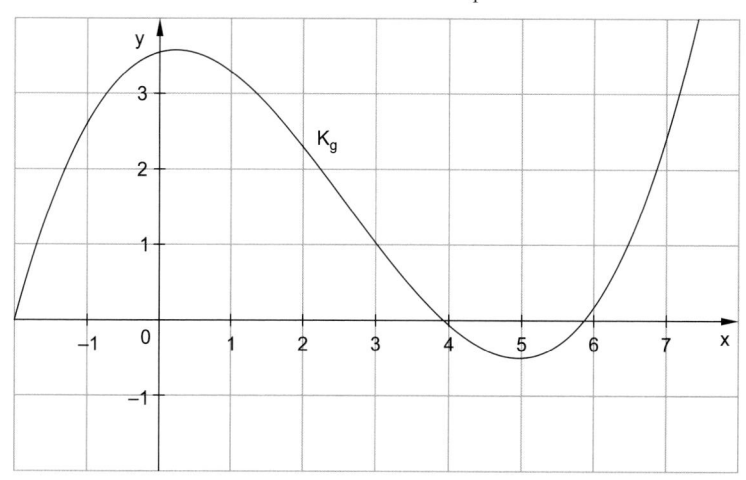

# Tipps und Hinweise

## Aufgabenteil 2.1
*Extrempunkte*
- Berechnen Sie f'(x) und f''(x).
- Welche Steigung liegt bei einem Extremum vor?
- Berechnen Sie f(0), f(–2) und f(1) mit dem WTR.

*Zeichnung*
- Das Schaubild ist das einer Funktion vierten Grades.
- Stellen Sie bei Ihrem WTR die Schrittweite („Step") auf „0.5" ein.

## Aufgabenteil 2.2
*Tangentengleichung*
- Für die Gleichung der Tangente benötigen Sie einen Punkt und die Steigung in diesem Punkt.
- Berechnen Sie f'(2).
- Für die Tangentengleichung benutzen Sie die Punkt-Steigungs-Form (Merkhilfe): $y = m \cdot (x - x_p) + y_p$ oder $y = m \cdot x + b$

*Schnittpunkt mit der x-Achse*
- Beim Schnittpunkt mit der x-Achse gilt $y = 0$.

## Aufgabenteil 2.3
- Eine FE entspricht einem Kästchen in dem Schaubild.
- Vor u = 3 sollten ca. 11 Kästchen zwischen dem Schaubild und der x-Achse liegen.
- Bei der zweiten Lösung sollten sich die beiden hinzukommenden Flächen oberhalb und unterhalb der x-Achse „gegenseitig aufheben".

## Aufgabenteil 2.4
*Skizze*
- Die Asymptote ist $y = 80$. Welche Einteilung wählen Sie für die y-Achse?
- Im Text kommt $t = 60$ vor. Welche Einteilung wählen Sie für die x-Achse?

*Berechnungen*
- Die Asymptote bedeutet, dass höchstens 80 % das Betriebssystem 4.0 nutzen werden.
- Berechnen Sie g(60) mit dem WTR.
- Die „Hälfte der Smartphone-Besitzer" bedeutet 50 %. Versuchen Sie, die Gleichung $g(t) = 50$ zu lösen.

**Aufgabenteil 2.5**
- Der Text enthält zwei Bedingungen.
- $h(0) = 75$
- $h(30) = g(30)$
- Versuchen Sie, die Gleichung $h(30) = 39{,}87$ zu lösen.

## Lösung

### 2.1 Extrempunkte

Berechnung der ersten beiden Ableitungen:

$f'(x) = x^3 + x^2 - 2x; \quad f''(x) = 3x^2 + 2x - 2$

Extrempunkte: $f'(x) = 0$ und $f''(x) < 0$ (Hochpunkt) bzw. $f''(x) > 0$ (Tiefpunkt)

$f'(x) = 0 \implies x^3 + x^2 - 2x = 0 \implies x \cdot (x^2 + x - 2) = 0 \implies x_1 = 0$

$x^2 + x - 2 = 0 \implies x_2 = -2; \; x_3 = 1$ (mit p-q-Formel)

$f''(0) = -2 < 0$, also Hochpunkt

$f''(-2) = 6 > 0$, also Tiefpunkt

$f''(1) = 3 > 0$, also Tiefpunkt

Berechnung der Funktionswerte an den Extremstellen mit dem WTR:

$f(0) = 0; \quad f(-2) = -\dfrac{8}{3}; \quad f(1) = -\dfrac{5}{12}$

Die Koordinaten der Extrempunkte lauten:

$\underline{\underline{H(0|0); \; T_1\left(-2 \,\bigg|\, -\dfrac{8}{3}\right); \; T_2\left(1 \,\bigg|\, -\dfrac{5}{12}\right)}}$

### Zeichnung

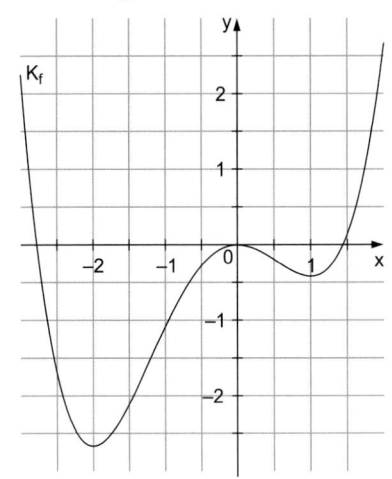

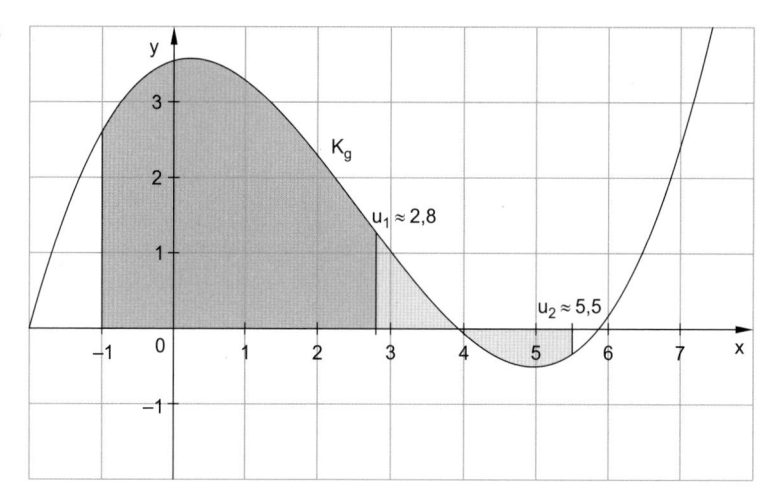

## 2.2 Tangentengleichung

Funktion: $\quad f(x) = \dfrac{1}{4}x^4 + \dfrac{1}{3}x^3 - x^2$

Erste Ableitung: $\quad f'(x) = x^3 + x^2 - 2x$

Koordinaten von $P(x_P | y_P)$: $f(2) = \dfrac{8}{3}$; $\quad P\left(2 \left| \dfrac{8}{3} \right.\right)$

Steigung m der Tangente: $\quad f'(2) = 8 = m$

*1. Möglichkeit:* Punkt-Steigungs-Form
$y = m \cdot (x - x_P) + y_P$
$\underline{\underline{t: y = 8 \cdot (x - 2) + \dfrac{8}{3} = 8x - \dfrac{40}{3}}}$

*2. Möglichkeit:* Hauptform
$y = m \cdot x + b$; mit $m = 8$ folgt:
$y = 8x + b$
Punktprobe mit $P\left(2 \left| \tfrac{8}{3} \right.\right)$ ergibt: $\tfrac{8}{3} = 8 \cdot 2 + b \;\Rightarrow\; b = -\tfrac{40}{3}$
$\underline{\underline{t: y = 8x - \dfrac{40}{3}}}$

**Schnittpunkt mit der x-Achse**

$y = 0 \;\Rightarrow\; 8x - \dfrac{40}{3} = 0 \;\Rightarrow\; x = \dfrac{5}{3}$

Schnittpunkt: $\underline{\underline{S\left(\dfrac{5}{3} \left| 0 \right.\right)}}$

2.3

11 Kästchen sind 11 FE. Für $u_1 \approx 2{,}8$ entspricht die dunkelgraue Fläche in etwa 11 Kästchen.

Die beiden hellgrauen Flächenstücke sind bei $u_2 \approx 5{,}5$ in etwa gleich groß. Beim Integrieren heben sie sich gegenseitig auf („Flächenbilanz").

*Ergebnis:* $\underline{\underline{u_1 \approx 2{,}8 \text{ und } u_2 \approx 5{,}5}}$

## 2.4 Skizze

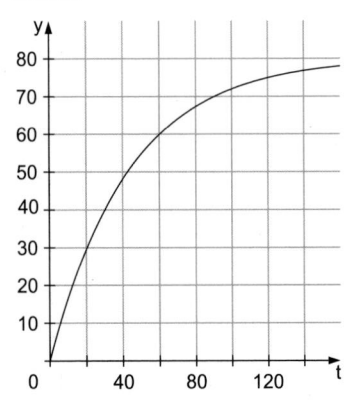

**Berechnungen**

Mithilfe der Asymptote ($y = 80$): $\underline{\underline{20\,\%}}$ werden niemals 4.0 nutzen.

4.0-Nutzer nach 60 Tagen: $g(60) \approx 59{,}87$
Der Anteil der 4.0 Nutzer nach 60 Tagen beträgt etwa $\underline{\underline{60\,\%}}$.

Zu welchem Zeitpunkt verwenden 50 % das System 4.0? Ansatz: $g(t) = 50$
$$-80 \cdot e^{-0{,}023 \cdot t} + 80 = 50$$
$$-80 \cdot e^{-0{,}023 \cdot t} = -30$$
$$e^{-0{,}023 \cdot t} = \frac{3}{8} \quad | \ln()$$
$$\ln(e^{-0{,}023 \cdot t}) = \ln\left(\frac{3}{8}\right)$$
$$-0{,}023 \cdot t = \ln\left(\frac{3}{8}\right) \Rightarrow \underline{\underline{t \approx 42{,}64}}$$

*Alternativ:* mit dem WTR
$-80e^{-0{,}023x} + 80$ in table bei 2: f( eingeben. Table setup:
Start = 0; Step = 1; Auto
$g(42) \approx 49{,}55$; $g(43) \approx 50{,}24$

*Ergebnis:* Am $\underline{\underline{13.\text{ Oktober}}}$ wird die Hälfte der Smartphone-Besitzer 4.0 installiert haben.

2.5  $h(t) = a \cdot e^{b \cdot t} + 15$

Zwei Bedingungen, eingesetzt in h(t):
$h(0) = 75 \;\Rightarrow\; a + 15 = 75 \;\Rightarrow\; a = 60$

$h(30) = g(30)$, wobei $g(30) \approx 39{,}8739 \;\Rightarrow\; 60 \cdot e^{b \cdot 30} + 15 \approx 39{,}8739$

$$e^{30b} \approx 0{,}4146 \qquad |\ln()$$
$$30b \approx \ln(0{,}4146)$$
$$b \approx -0{,}029$$

*Ergebnis:* $\underline{\underline{a = 60 \text{ und } b \approx -0{,}029}}$

## Fachhochschulreife Mathematik (Berufskolleg Baden-Württemberg)
## Hauptprüfung 2020 – Analysisaufgaben (Teil 2): Aufgabe 3

Gegeben ist die Funktion h mit $h(x) = 0{,}5e^{0{,}5x} - x + 1{,}5$, $x \in \mathbb{R}$.
Ihr Schaubild ist $K_h$.

**Punkte**

3.1 Zeichnen Sie $K_h$ für $-2 \leq x \leq 5$.   3

3.2 Berechnen Sie die Koordinaten des Extrempunktes von $K_h$.

    Das Schaubild von $K_h$ soll verschoben werden:
    a) in y-Richtung, so dass das Schaubild durch den Ursprung verläuft,
    b) so, dass der Extrempunkt im Ursprung liegt.
    Geben Sie jeweils einen neuen Funktionsterm an.   8

3.3 Prüfen Sie, ob die Tangente an $K_h$ in $x = 3$ einen positiven y-Achsenabschnitt hat.   4

Vom Schaubild $K_f$ der Funktion f mit $f(x) = 2\cos(bx) + d$, $x \in \mathbb{R}$, ist bekannt, dass der Punkt $P(3\,|\,3)$ auf $K_f$ liegt.

3.4 Bestimmen Sie jeweils b und d so,
    a) dass $K_f$ in P einen Hochpunkt hat.
    b) dass $K_f$ in P einen Tiefpunkt hat.   4

Sei ab jetzt $b = \frac{\pi}{2}$ und $d = -1$.

3.5 Bestimmen Sie die ersten beiden positiven Nullstellen von f.
    Berechnen Sie den Inhalt der Fläche, die $K_f$ mit der x-Achse zwischen diesen beiden Nullstellen einschließt.   8

3.6 Bestimmen Sie einen x-Wert so, dass der Funktionswert der Funktion d mit $d(x) = h(x) - f(x)$, $x \in \mathbb{R}$ kleiner als 0,2 ist.   3

    30

## Tipps und Hinweise

### Aufgabenteil 3.1
*Zeichnung*
- Zur Bestimmung von Kurvenpunkten benutzen Sie die Table-Taste des WTR. Beachten Sie die beiden Intervallgrenzen –2 und 5.
- Übertragen Sie die Punkte und verbinden Sie diese sinnvoll.

### Aufgabenteil 3.2
*Extrempunkt*
- Bestimmen Sie $h'(x)$ und $h''(x)$.
- Für die Berechnung eines Extrempunktes gilt: $h'(x)=0$ und $h''(x) \neq 0$

*a) Verschiebung in y-Richtung*
- Berechnen Sie den Schnittpunkt $S_y$ von $K_h$ mit der y-Achse. Beachten Sie: $S_y(0|h(0))$
- Verschieben Sie $K_h$ um $h(0)=2$ nach unten.
- Bestimmen Sie den neuen Funktionsterm. Beachten Sie in der Merkhilfe in Kapitel 4 („Funktionen und zugehörige Gleichungen") im Abschnitt „Abbildungen" den Punkt „Verschiebung".

*b) Verschiebung in y- und x-Richtung*
- Die Koordinaten des Tiefpunktes T von $K_h$ sind $T(x_T|y_T)$, wobei $x_T=2\ln(4)$ und $y_T=3{,}5-2\ln(4)$.
- Verschieben Sie $K_h$ um $y_T$ nach unten und um $x_T$ nach links.
- Bestimmen Sie den neuen Funktionsterm. Beachten Sie in der Merkhilfe in Kapitel 4 („Funktionen und zugehörige Gleichungen") im Abschnitt „Abbildungen" den Punkt „Verschiebung".

### Aufgabenteil 3.3
*1. Möglichkeit*
- Fertigen Sie eine Skizze von $K_h$ an.
- Zeichnen Sie die Sekante s durch den Ursprung und $B(3|h(3))$ ein.
- Zeichnen Sie die Tangente t in B ein.
- Berechnen Sie die Steigung von s und die Steigung von t.
- Was können Sie aus diesen beiden Werten schließen?

*2. Möglichkeit*
- Bestimmen Sie die Koordinaten des Berührpunktes B.
- Bestimmen Sie eine Gleichung der Tangente mit $y=m(x-x_B)+y_B$.
- Bestimmen Sie den Schnittpunkt der Tangente mit der y-Achse.

## Aufgabenteil 3.4
*a) P ist Hochpunkt*
- Bestimmen Sie die Amplitude von f.
- Bestimmen Sie die Periode p.
- Skizzieren Sie das Schaubild von f in einer Periode.
- Zeichnen Sie die mittlere Linie ein.
- Bestimmen Sie d.
- b berechnet sich mit $p = \frac{2\pi}{|b|}$.

*b) P ist Tiefpunkt*
- Skizzieren Sie das Schaubild von f.
- Zeichnen Sie den Tiefpunkt T ein.
- Zeichnen Sie die mittlere Linie ein.
- Bestimmen Sie d.
- Bestimmen Sie die Periode p.
- b berechnet sich mit $p = \frac{2\pi}{|b|}$.

## Aufgabenteil 3.5
*Nullstellen*
- Bedingung für Nullstellen: $f(x) = 0$
- Umformen und Substitution führt zu: $\cos(u) = 0{,}5$
- Bestimmen Sie $u_1$ mittels einer Tabelle aus der Merkhilfe.
- Beachten Sie: $u_2 = 2\pi - u_1$
- Die Rücksubstitution führt zu den gesuchten Lösungen.

*Flächeninhalt*
- Beachten Sie: $\int_a^b f(x)\,dx = [F(x)]_a^b = F(b) - F(a)$

## Aufgabenteil 3.6
*Bestimmung eines x-Wertes*
- Stellen Sie eine Wertemenge der Funktion d auf.
- Lesen Sie daraus den gesuchten x-Wert ab.

## Lösung

### 3.1 Zeichnung

Funktionsterm: $h(x) = 0{,}5e^{0{,}5x} - x + 1{,}5$

Wertetabelle:

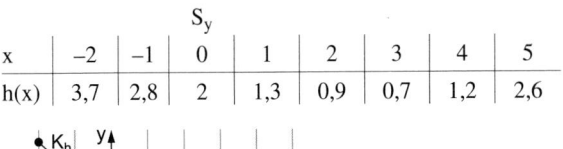

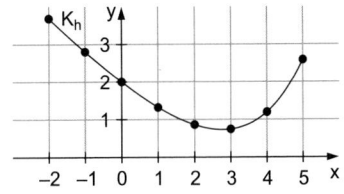

| x    | −2  | −1  | 0 | 1   | 2   | 3   | 4   | 5   |
|------|-----|-----|---|-----|-----|-----|-----|-----|
| h(x) | 3,7 | 2,8 | 2 | 1,3 | 0,9 | 0,7 | 1,2 | 2,6 |

### 3.2 Extrempunkt

Ableitungen:

$h'(x) = 0{,}5e^{0{,}5x} \cdot \underbrace{0{,}5}_{\text{innere Ableitung}} - 1 = 0{,}25e^{0{,}5x} - 1$

$h''(x) = 0{,}25e^{0{,}5x} \cdot \underbrace{0{,}5}_{\text{innere Ableitung}} = 0{,}125e^{0{,}5x}$

Bedingung für Extrempunkt: $h'(x) = 0$ und $h''(x) \neq 0$

$$\begin{aligned}
h'(x) = 0 &\Leftrightarrow 0{,}25e^{0{,}5x} - 1 = 0 & |\cdot 4 \\
&\Leftrightarrow e^{0{,}5x} - 4 = 0 & |+4 \\
&\Leftrightarrow e^{0{,}5x} = 4 & |\ln() \\
&\Leftrightarrow 0{,}5x = \ln(4) & |\cdot 2 \\
&\Leftrightarrow x = 2\ln(4) \approx 2{,}77
\end{aligned}$$

Mit

$h''(2\ln(4)) = 0{,}125 \underbrace{e^{\overbrace{0{,}5 \cdot 2\ln(4)}^{=\ln(4)}}}_{=4} = 0{,}5 \neq 0$ und

$h(2\ln(4)) = 0{,}5 \underbrace{e^{0{,}5 \cdot 2\ln(4)}}_{=4} - 2\ln(4) + 1{,}5 = 3{,}5 - 2\ln(4)$

folgt:

$\underline{\underline{E(2\ln(4) \,|\, 3{,}5 - 2\ln(4))}}$

a) Verschiebung in **y-Richtung** so, dass das Schaubild durch den Ursprung 0 verläuft:
Schnittpunkt von $K_h$ mit der y-Achse:
$h(0) = 2 \Rightarrow S_y(0|2)$

Formel für Verschiebung in y-Richtung:
$g(x) = h(x) + d$

Verschiebung in y-Richtung um 2 nach unten: $d = -2$

*Ergebnis:* $g(x) = \underbrace{h(x) - 2 = 0{,}5e^{0{,}5x} - x + 1{,}5}_{= h(x)} - 2 = \underline{\underline{0{,}5e^{0{,}5x} - x - 0{,}5}}$

b) Verschiebung so, dass der Extrempunkt T im Ursprung 0 liegt:
Tiefpunkt von $K_h$ (siehe oben):
$T(2\ln(4) | 3{,}5 - 2\ln(4))$

Verschiebung von $K_h$ in y-Richtung:
$3{,}5 - 2\ln(4)$ nach unten

$k(x) = h(x) - (3{,}5 - 2\ln(4)) = \underbrace{0{,}5e^{0{,}5x} - x + 1{,}5}_{= h(x)} - 3{,}5 + 2\ln(4)$

$= 0{,}5e^{0{,}5x} - x - 2 + 2\ln(4)$

Verschiebung von $K_k$ in x-Richtung:
$2\ln(4)$ nach links

*Ergebnis:* $m(x) = k(x + 2\ln(4))$
$= 0{,}5e^{0{,}5 \cdot (x + 2\ln(4))} - (x + 2\ln(4)) - 2 + 2\ln(4)$
$= 0{,}5e^{0{,}5x + \ln(4)} - x - 2 = \underline{\underline{2e^{0{,}5x} - x - 2}}$

3.3 Funktion: $\quad h(x) = 0{,}5e^{0{,}5x} - x + 1{,}5$

Erste Ableitung: $\quad h'(x) = 0{,}25e^{0{,}5x} - 1$

Berührpunkt B: $\quad h(3) = 0{,}5e^{0{,}5 \cdot 3} - 3 + 1{,}5 = 0{,}5e^{1{,}5} - 1{,}5 \approx 0{,}74$

$\Rightarrow B(\underbrace{3}_{x_B} | \underbrace{0{,}5e^{1{,}5} - 1{,}5}_{y_B})$

Steigung m der Tangente: $\quad m = h'(3) = 0{,}25e^{0{,}5 \cdot 3} - 1 = 0{,}25e^{1{,}5} - 1 \approx 0{,}12$

*1. Möglichkeit:* Vergleich Tangenten- und Sekantensteigung
Steigung der Sekante s durch 0 und B:
$$m_s = \frac{h(3)}{3} \approx \frac{0{,}74}{3} \approx 0{,}25$$ 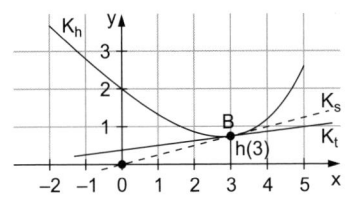
Steigung der Tangente t in B:
$m_t = h'(3) \approx 0{,}12$
Wegen $m_t < m_s$ hat die Tangente in $x = 3$ einen positiven y-Achsenabschnitt.

*2. Möglichkeit:* Punkt-Steigungs-Form
$B(3 \mid 0{,}5e^{1{,}5} - 1{,}5)$; $m = h'(3) = 0{,}25e^{1{,}5} - 1$
$y = m \cdot (x - x_B) + y_B$
$t: y = \underbrace{(0{,}25e^{1{,}5} - 1)}_{= m} \cdot \underbrace{(x - 3)}_{= x_B} + \underbrace{0{,}5e^{1{,}5} - 1{,}5}_{= y_B}$

Schnittpunkt der Tangente mit der y-Achse:
$t(0) = (0{,}25e^{1{,}5} - 1) \cdot (0 - 3) + 0{,}5e^{1{,}5} - 1{,}5 = -0{,}25e^{1{,}5} + 1{,}5 \approx 0{,}38 > 0$
Somit hat die Tangente in $x = 3$ einen positiven y-Achsenabschnitt.

3.4 a) Funktionsterm: $f(x) = 2\cos(bx) + d$
Amplitude: $a = 2$
Hochpunkt: $H(3 \mid 3)$ 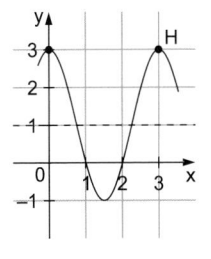
Berechnung von d:
$d = y_H - a = 3 - 2 = \underline{1}$
Periode: $p = 3$ (Abstand der benachbarten Hochpunkte)
Berechnung von b mit der Formel $p = \frac{2\pi}{|b|}$ (wobei $b > 0$):
$3 = \frac{2\pi}{b} \;\Rightarrow\; 3b = 2\pi \;\Rightarrow\; b = \underline{\underline{\frac{2\pi}{3}}}$

b) Funktionsterm: $f(x) = 2\cos(bx) + d$
Amplitude: $a = 2$
Tiefpunkt: $T(3 \mid 3)$ 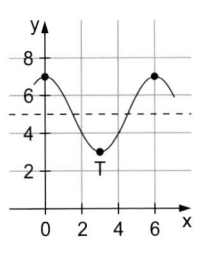
Berechnung von d:
$d = y_T + a = 3 + 2 = \underline{\underline{5}}$
Periode: $p = 6$ (Abstand der benachbarten Hochpunkte)
Berechnung von b mit der Formel $p = \frac{2\pi}{|b|}$ (wobei $b > 0$):
$6 = \frac{2\pi}{b} \;\Rightarrow\; 6b = 2\pi \;\Rightarrow\; b = \underline{\underline{\frac{\pi}{3}}}$

## 3.5 Nullstellen

Bedingung für Nullstellen: $f(x) = 0$

$2\cos\left(\frac{\pi}{2}x\right) - 1 = 0 \quad |+1$

$\quad 2\cos\left(\frac{\pi}{2}x\right) = 1 \quad |:2$

$\quad\quad \cos\left(\frac{\pi}{2}x\right) = \frac{1}{2}$ Substitution: $\frac{\pi}{2}x = u$

$\quad\quad\quad \cos(u) = \frac{1}{2}$

$\cos(u) = \frac{1}{2} \Rightarrow u_1 = \frac{\pi}{3}$ (siehe Merkhilfe)

$u_2 = 2\pi - u_1 = 2\pi - \frac{\pi}{3} = \frac{5\pi}{3}$

Rücksubstitution:

$u_1 = \frac{\pi}{3} \Rightarrow \frac{\pi}{2}x_1 = \frac{\pi}{3} \Rightarrow \underline{\underline{x_1 = \frac{2}{3}}}$

$u_2 = \frac{5\pi}{3} \Rightarrow \frac{\pi}{2}x_2 = \frac{5\pi}{3} \Rightarrow \underline{\underline{x_2 = \frac{10}{3}}}$

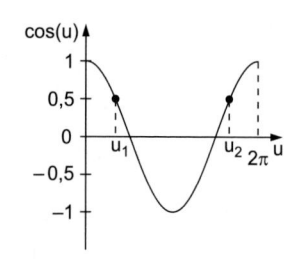

## Flächeninhalt

Funktionsterm:

$f(x) = 2\cos\left(\frac{\pi}{2}x\right) - 1$

Stammfunktion F von f:

$F(x) = \frac{2}{\frac{\pi}{2}}\sin\left(\frac{\pi}{2}x\right) - x = \frac{4}{\pi}\sin\left(\frac{\pi}{2}x\right) - x$

Berechnung des Integrals (mit dem WTR):

$\int_{\frac{2}{3}}^{\frac{10}{3}} f(x)\, dx = [F(x)]_{\frac{2}{3}}^{\frac{10}{3}} = \underbrace{F\left(\frac{10}{3}\right)}_{\approx -4{,}436} - \underbrace{F\left(\frac{2}{3}\right)}_{\approx 0{,}436} \approx -4{,}87$

*Ergebnis:* Der gesuchte Flächeninhalt beträgt ca. $\underline{\underline{4{,}87 \text{ FE}}}$.

## 3.6 Bestimmung eines x-Wertes

Funktionsterm von h: $h(x) = 0{,}5e^{0{,}5x} - x + 1{,}5$

Funktionsterm von f: $f(x) = 2\cos\left(\dfrac{\pi}{2}x\right) - 1$

Funktionsterm von d: $d(x) = h(x) - f(x) = 0{,}5e^{0{,}5x} - x + 1{,}5 - \left(2\cos\left(\dfrac{\pi}{2}x\right) - 1\right)$

Wertetabelle der Funktion d:

| x    | –2   | –1   | 0 | 1    | 2    | 3    | **4**    | 5    |
|------|------|------|---|------|------|------|----------|------|
| d(x) | 6,68 | 3,80 | 1 | 2,32 | 3,86 | 1,74 | **0,19** | 3,59 |

*Ergebnis:* Ein möglicher x-Wert mit der Eigenschaft $d(x) < 0{,}2$ ist $\underline{\underline{x = 4}}$.

*Anmerkung:* Die Gleichung $d(x) = 0{,}2$ hat zwei Lösungen. Auf 5 Nachkommastellen gerundet lauten diese: $x_1 \approx 3{,}69750$ und $x_2 \approx 4{,}00632$
Alle Werte zwischen diesen beiden Zahlen sind mögliche x-Werte mit der geforderten Eigenschaft.

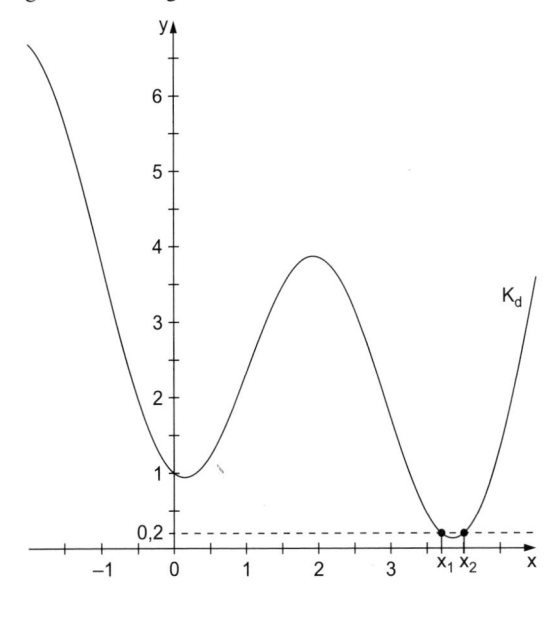

## Fachhochschulreife Mathematik (Berufskolleg Baden-Württemberg)
## Hauptprüfung 2020 – Analysisaufgaben (Teil 2): Aufgabe 4

Gegeben ist die Funktion f mit $f(x) = 3\sin(2x)$, $x \in \mathbb{R}$.
Das Schaubild von f ist $K_f$.

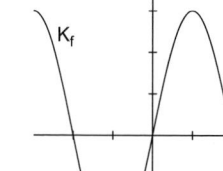

4.1 Beschriften Sie die Achsen so, dass das nebenstehende Schaubild $K_f$ zeigt.

4.2 Geben Sie die Koordinaten eines Wendepunktes von $K_f$ mit negativer Steigung im Intervall $\left[\frac{3\pi}{4}; \frac{7\pi}{4}\right]$ an.

Bestimmen Sie die Gleichung der Tangente in diesem Wendepunkt.

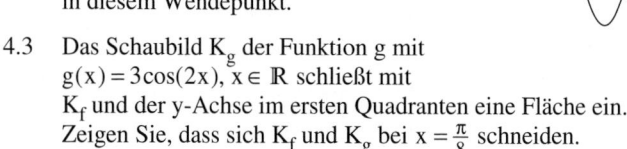

4.3 Das Schaubild $K_g$ der Funktion g mit $g(x) = 3\cos(2x)$, $x \in \mathbb{R}$ schließt mit $K_f$ und der y-Achse im ersten Quadranten eine Fläche ein.
Zeigen Sie, dass sich $K_f$ und $K_g$ bei $x = \frac{\pi}{8}$ schneiden.
Berechnen Sie den Inhalt der beschriebenen Fläche.

4.4 Eine zum Ursprung symmetrische Parabel 3. Ordnung schneidet die x-Achse in $x = \frac{1}{2}$ und hat im Ursprung dieselbe Steigung wie $K_f$.
Bestimmen Sie einen Funktionsterm.

4.5 Gegeben ist das Schaubild $K_p$ einer Polynomfunktion p.
Begründen Sie, ob folgende Aussagen wahr oder falsch sind.

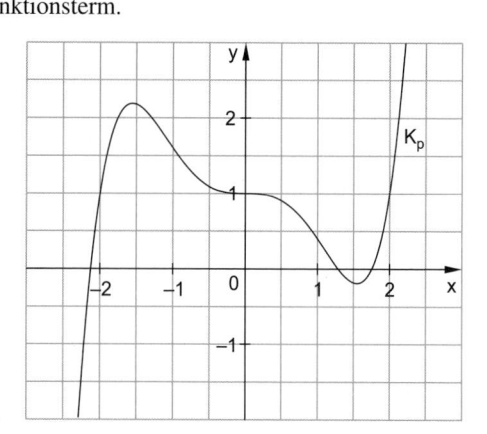

a) $K_p$ gehört zu einer Polynomfunktion, welche mindestens 5. Grades ist.

b) $K_p$ hat genau zwei Wendepunkte im gezeichneten Abschnitt.

c) $p'(0) > p'(1)$

d) Die Gleichung $p(x) = 2$ hat im gezeichneten Abschnitt genau drei Lösungen.

Punkte: 3, 7, 7, 5, 8 / 30

# Tipps und Hinweise

## Aufgabenteil 4.1
*Beschriftung der Achsen*
- Bestimmen Sie die Amplitude.
- Bestimmen Sie die Periode p. Beachten Sie: $p = \frac{2\pi}{|b|}$

## Aufgabenteil 4.2
*Wendepunkt*
- Bestimmen Sie mit dem WTR die ungefähren Werte der Grenzen des Intervalls I.
- Lesen Sie aus dem Schaubild die Wendestellen mit negativer Steigung ab. Liegen diese im Intervall I?
- Wie erhält man (rechts von $x = \frac{\pi}{2}$) die nächste Wendestelle mit negativer Steigung?
- Geben Sie die Koordinaten dieses Wendepunktes $W(x_W | y_W)$ an.

*Tangentengleichung*
- Punkt-Steigungs-Form der Geraden: $y = m \cdot (x - x_W) + y_W$
- Bestimmen Sie mithilfe von f' die Steigung m der Tangente in W.

*Alternative Lösung: Tangentengleichung*
- Hauptform der Geraden: $y = m \cdot x + b$
- Bestimmen Sie mithilfe von f' die Steigung m der Tangente in W.
- Punktprobe mit W führt zu b.

## Aufgabenteil 4.3
*Schneiden der beiden Schaubilder*
- Zeigen Sie: $f(\frac{\pi}{8}) = g(\frac{\pi}{8})$ (gemeinsamer Punkt) und $f'(\frac{\pi}{8}) \neq g'(\frac{\pi}{8})$ (verschiedene Steigungen)

*Flächeninhalt*
- Beachten Sie: $\int_a^b (g(x) - f(x))\, dx = [G(x) - F(x)]_a^b$

## Aufgabenteil 4.4
*Funktionsterm bestimmen*
- Allgemein: $h(x) = ax^3 + bx^2 + cx + d$
- Punktsymmetrie zum Ursprung 0: nur ungerade Exponenten
- Zwei Bedingungen: Schnittpunkt mit der x-Achse bei $x = \frac{1}{2}$, somit: $h(\frac{1}{2}) = 0$
  dieselbe Steigung in $x = 0$ wie $K_f$, somit: $h'(0) = f'(0)$
- Lösen Sie das lineare Gleichungssystem nach a und c auf.

**Aufgabenteil 4.5**

*a) Polynomfunktion mindestens 5. Grades*
- Bestimmen Sie die Anzahl der Extrempunkte und die Anzahl der Sattelpunkte.
- Ist die Aussage somit wahr oder falsch?
- Begründen Sie Ihre Entscheidung.

*b) zwei Wendepunkte*
- Zeichnen Sie die Wendepunkte ein.
- Ist die Aussage somit wahr oder falsch?
- Begründen Sie Ihre Entscheidung.

*c) Ungleichung*
- Vergleichen Sie die Steigungen der Tangenten an den Stellen $x=0$ und $x=1$.
- Ist die Aussage somit wahr oder falsch?
- Begründen Sie Ihre Entscheidung.

*d) Anzahl der Lösungen*
- Zeichnen Sie die Gerade $y=2$ in das Schaubild von 4.5 ein.
- Bestimmen Sie die Anzahl der gemeinsamen Punkte.
- Ist die Aussage somit wahr oder falsch?
- Begründen Sie Ihre Entscheidung.

# Lösung

## 4.1 Beschriftung der Achsen

Funktionsterm: $f(x) = 3\sin(2x)$

Amplitude: $a = 3$

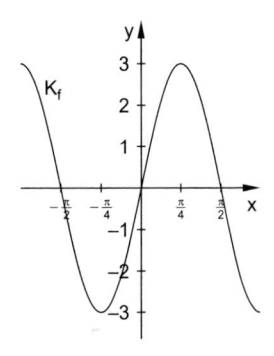

Periode: $p = \dfrac{2\pi}{2} = \pi$

## 4.2 Wendepunkt

Wendepunkt mit negativer Steigung im Intervall $I = \left[\dfrac{3\pi}{4}; \dfrac{7\pi}{4}\right] \approx [2{,}36;\ 5{,}50]$:

Wendestellen mit negativer Steigung sind:

$$x_1 = \underbrace{-\dfrac{\pi}{2}}_{\approx -1{,}57} \notin I;\quad x_2 = x_1 + p = -\dfrac{\pi}{2} + \pi = \underbrace{\dfrac{\pi}{2}}_{\approx 1{,}57} \notin I;\quad x_3 = x_2 + p = \dfrac{\pi}{2} + \pi = \underbrace{\dfrac{3\pi}{2}}_{\approx 4{,}71} \in I$$

*Ergebnis:* $\underline{\underline{W\left(\dfrac{3\pi}{2}\,\middle|\,0\right)}}$

### Tangentengleichung

| | |
|---|---|
| Erste Ableitung: | $f'(x) = 6\cos(2x)$ |
| Punkt-Steigungs-Form: | $y = m \cdot (x - x_W) + y_W$ |
| Koordinaten von $W(x_W | y_W)$: | $W\left(\dfrac{3\pi}{2}\,\middle|\,0\right)$ |
| Steigung m der Tangente: | $m = f'\left(\dfrac{3\pi}{2}\right) = 6\underbrace{\cos(3\pi)}_{=-1} = -6$ (WTR) |
| Gleichung der Tangente: | $\underline{\underline{t:\ y = -6 \cdot \left(x - \dfrac{3\pi}{2}\right) + 0 = -6x + 9\pi}}$ |

*Alternative:* Hauptform
y = m · x + b
Mit m = f'($\frac{3\pi}{2}$) = 6$\underbrace{\cos(3\pi)}_{=-1}$ = −6 folgt: y = −6x + b

Punktprobe mit W($\frac{3\pi}{2}$ | 0) ergibt: 0 = −6 · $\frac{3\pi}{2}$ + b $\Rightarrow$ b = 9π

*Ergebnis:* t: y = −6x + 9π

### 4.3 Schneiden der beiden Schaubilder

f(x) = 3sin(2x); f'(x) = 6cos(2x)
g(x) = 3cos(2x); g'(x) = −6sin(2x)

Schneiden bei x = $\frac{\pi}{8}$ bedeutet:
(1) gemeinsamer Punkt bei x = $\frac{\pi}{8}$
(2) verschiedene Steigungen bei x = $\frac{\pi}{8}$

zu (1) gemeinsamer Punkt

$$f\left(\frac{\pi}{8}\right) = 3 \cdot \underbrace{\sin\left(\frac{\pi}{4}\right)}_{=\frac{1}{2}\sqrt{2}} = \frac{3\sqrt{2}}{2}; \quad g\left(\frac{\pi}{8}\right) = 3 \cdot \underbrace{\cos\left(\frac{\pi}{4}\right)}_{=\frac{1}{2}\sqrt{2}} = \frac{3\sqrt{2}}{2}$$

$\Rightarrow$ gemeinsamer Punkt bei x = $\frac{\pi}{8}$

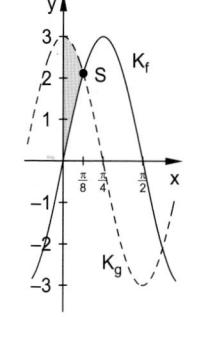

zu (2) verschiedene Steigungen

$$f'\left(\frac{\pi}{8}\right) = 6 \cdot \underbrace{\sin\left(\frac{\pi}{4}\right)}_{=\frac{1}{2}\sqrt{2}} = 3\sqrt{2}; \quad g'\left(\frac{\pi}{8}\right) = -6 \cdot \underbrace{\cos\left(\frac{\pi}{4}\right)}_{=\frac{1}{2}\sqrt{2}} = -3\sqrt{2}$$

$\Rightarrow$ verschiedene Steigungen bei x = $\frac{\pi}{8}$

Damit ist gezeigt, dass sich $K_f$ und $K_g$ bei x = $\frac{\pi}{8}$ schneiden.

### Flächeninhalt

$$\int_0^{\frac{\pi}{8}} (g(x) - f(x))\,dx = \int_0^{\frac{\pi}{8}} (3\cos(2x) - 3\sin(2x))\,dx = \left[\frac{3}{2}\sin(2x) + \frac{3}{2}\cos(2x)\right]_0^{\frac{\pi}{8}}$$

$$= \frac{3}{2}\underbrace{\sin\left(\frac{\pi}{4}\right)}_{=\frac{1}{2}\sqrt{2}} + \frac{3}{2}\underbrace{\cos\left(\frac{\pi}{4}\right)}_{=\frac{1}{2}\sqrt{2}} - \left(\frac{3}{2}\underbrace{\sin(0)}_{=0} + \frac{3}{2}\underbrace{\cos(0)}_{=1}\right)$$

$$= \frac{3}{4}\sqrt{2} + \frac{3}{4}\sqrt{2} - \frac{3}{2} = \frac{3}{2} \cdot (\sqrt{2} - 1) \approx 0{,}62$$

*Ergebnis:* Der gesuchte Flächeninhalt Fläche beträgt ca. 0,62 FE.

4.4 **Funktionsterm bestimmen**
Allgemeiner Funktionsterm: $h(x) = ax^3 + bx^2 + cx + d$
Wegen der Punktsymmetrie zum Ursprung: $h(x) = ax^3 + cx$
Ableitung: $h'(x) = 3ax^2 + c$
Steigung m von $K_f$ im Ursprung 0: $m = f'(0) = 6 \cdot \cos(2 \cdot 0) = 6 \cdot \underbrace{\cos(0)}_{=1} = 6$
Gesucht: a und c

(1) $h\left(\frac{1}{2}\right) = 0 \;\Rightarrow\; \frac{1}{8}a + \frac{1}{2}c = 0$ (schneidet die x-Achse bei $x = \frac{1}{2}$)
$\qquad\qquad\qquad\quad a + 4c = 0$

(2) $h'(0) = \underbrace{f'(0)}_{=6} \;\Rightarrow\; 3a \cdot 0^2 + c = 6$ (dieselbe Steigung im Ursprung 0)
$\qquad\qquad\qquad\quad c = 6$

(2) in (1) eingesetzt: $a + 4 \cdot 6 = 0 \;\Rightarrow\; a = -24$
*Ergebnis:* $\underline{\underline{h(x) = -24x^3 + 6x}}$

4.5 a) **Polynomfunktion mindestens 5. Grades**
Die Aussage ist wahr.

*Begründung:* Das Schaubild hat (im gezeichneten Abschnitt) einen Sattelpunkt und zwei Extrempunkte. Die Ableitung p' hat also (mindestens) zwei einfache Nullstellen und eine doppelte Nullstelle, ist somit mindestens vom Grad 4.

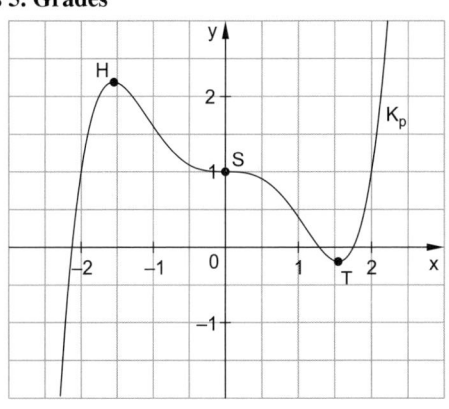

b) **zwei Wendepunkte**
Die Aussage ist falsch.

*Begründung:* Das Schaubild hat drei Wendepunkte, nämlich den Sattelpunkt S sowie jeweils einen Wendepunkt zwischen dem Hochpunkt H und S sowie zwischen dem Tiefpunkt T und S.

Wendestellen:
$x_1 \approx -1{,}1;\; x_2 = 0;\; x_3 \approx 1{,}1$

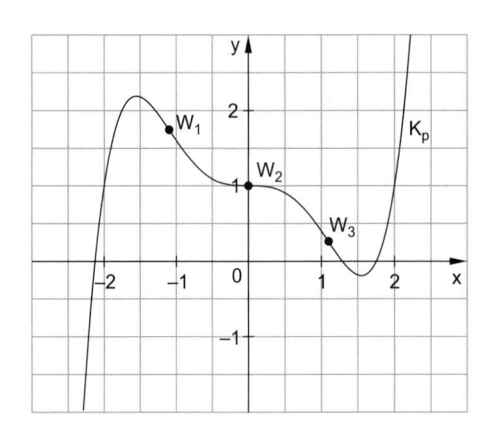

c) **Ungleichung**
Die Aussage ist wahr.

*Begründung:*
$p'(0) = 0$ (Sattelpunkt)
$p'(1) < 0$ (Steigung der Tangente)

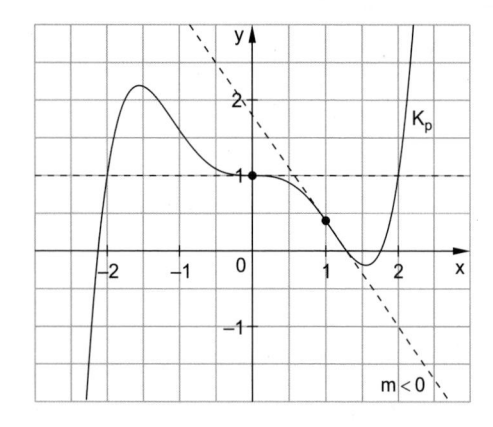

d) **Anzahl der Lösungen**
Die Aussage ist wahr.

*Begründung:* Im gezeichneten Abschnitt gibt es genau drei Schnittpunkte des Schaubildes von p mit der Geraden $y = 2$.

Schnittstellen:
$x_1 \approx -1{,}7$; $x_2 \approx -1{,}3$; $x_3 \approx 2{,}1$

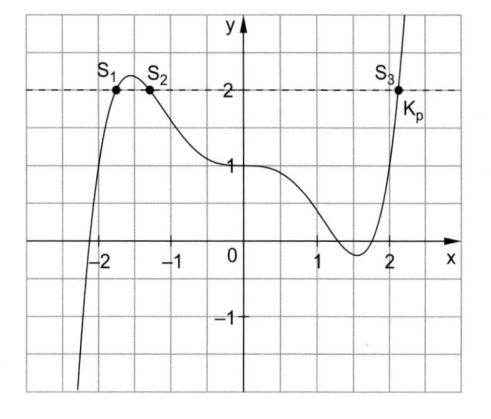